RAB WILSON was born in New Cumnock, Ayrshire, in 1960. After an engineering apprenticeship with the National Coal Board he left the pits following the miners' strike of 1984–5 to become a psychiatric nurse. As a Scots poet, his work has appeared in *The Herald* as well as *Chapman*, *Lallans* and *Markings* magazines.

Rab has performed his work at the Edinburgh Fringe Festival, the StAnza poetry festival at St Andrews, the 'Burns an a' That' Festival at Ayr, Kelvingrove Art Gallery and Museum, the Wickerman Festival, and many other gatherings large and small. He was 'Bard of the Festival' at Wigtown, Scotland's National Book Town. Additionally, Rab is a previous winner of the McCash Poetry Prize and for the past three years has been the 'Robert Burns Writing Fellow – In Reading Scots' for Dumfries and Galloway Arts Association. Currently a member of the Scots Language Resource Centre's national council, Rab also sat recently on the Ministerial Advisory Group on Scots Language at the Holyrood Parliament. He is a 'weel-kent' advocate for Scots writing. He now lives in New Cumnock with his wife Margaret and daughter Rachel.

Readers o this buik micht be keen tae increase their knowledge o Scots wirds bi gaun online an consultin the Dictionary of the Scots Language at www.dsl ac uk

By the same author

The Ruba'iyat of Omar Khayyam in Scots
Accent o the Mind: Poems, Chiefly in the Scots Language
Life Sentence: More Poems Chiefly in the Scots Language
Chuckies fir the Cairn: Poems in Scots and Gaelic (editor)

A Map for the Blind

Poems, chiefly in the Scots language

RAB WILSON

Luath Press Limited

EDINBURGH

www.luath.co.uk

First published 2011

ISBN : 978-1-906817-82-4

The publisher acknowledges subsidy from

ALBA | CHRUTHACHAIL

towards the publication of this book

The paper used in this book is recyclable. It is made from
low chlorine pulps produced in a low energy, low emissions manner
from renewable forests.

Printed and bound by
Bell & Bain Ltd., Glasgow

Typeset in 11 point Sabon
by 3btype.com

Excerpt from 'Wi Jimmy Reid an Airlie' by Matt McGinn reproduced
by kind permision of Jeanette McGinn.

Contents

POEMS: PART TWO

POEMS: PART THREE

SANGS OAN THE DAITH O BAIRNS

Mahler's Kindertotenlieder: A Scots Libretto

PART ONE

Prospects

Ah luve a field o lown white virgin snaw,
Whaur man nor beast hus ne'er setten fuit,
It seems tae me a warld unwaukent yet,
A laund that mammoths trod afore the thaw;
An ah cuid be some hunter-gaitherer,
Cled snug in bearskin, hapt agin the cauld,
Tattooed wi munes an starns, lang ages auld;
Ötzi, stridin ower the Schnalstal glacier.
It seems tae me we hae this unkent urge,
Tae tred whaur ither humans huvnae bin,
Tae see whit ither humans huvnae seen;
Ae day we'll leave this warld, an oot we'll surge,
An fin new fields in some faur distant age,
Stapt fou o prospects, lik an empty page.

Sma Fowk

fir LD

Makkin oor wey up the brae o the Abbey Craig,
sheltert neath braid-leafed auld aik an pine,
cloods rollin drumlie ower the Stirling plain,
shot throu nou wi weird crepuscular licht,
wha's shafts cam stabbin throu, lik blades o swords;
we courie briefly frae the blaudin shooers.
The monument tae Wallace towers abuin,
whaur frae its braithless heicht the vital grunnd
is seen; the anvil that we aa wir stampit oot oan.
Be't Stirlin Brig; else fawmous Bannockburn –
the lairds an nobles ne'er won Scotland,
but thaim unsung, forleitit in the past.
Ye maist can see thaim; hauberkt, helmed an greaved,
haunds raxin fir thon relict o Monymusk,
whiles in ahint, oan Gillies Hill, sma fowk;
ragabash waggoners, weemin an boys,
whaes heid-lang chairge aiblins taen the day?
Thon's the eemage aye-an-oan that bides;
'Gyff fredome failyhe' – but oan *that* day it didnae!
Later, bi the auld mill lade we daunder,
Chartershall, its plaque lang worn wi eild,
up past the boolin green, the battlefield,
we pass an meet an mingle wi thaim yet,
'sma fowk' juist bidin oan that unkent day,
whan pusht ower sair they'll gird their claes aince mair,
tae rise agane an ettle tae the fray.

Eddie @ 90

Eddie @ 90, mair Warhol than Morgan!
Smiling quizzically at somethin ayont the page,
the thing we cannae see.
Black an white, sixties garbed, aviator shades,
still cool eftir aa these years!
Hair monochromed, peroxide white,
pea coat collar turnt up, deflectin
the tedious an scunnersome;
a boom agin the buffetin o blellums!
Defyin time,
desairvin mair as fifteen meenits!

Eddie's Fareweel

The orders wir gien oot fir nae applause,
Sae raw oan raw we sat, instincts suppressed,
While Lochhead, Kinloch, Kay an aa the rest,
Read oot sic wirds they stoundit frae the wa's.
The saxophone o Tommy Smith made mane,
An syne, wolf-lyk, he howlt! A feral noise;
The last lupine survivor here, re-voiced!
A tail flicks in the seelent wuids – he's gane.
While, in Bute Hall, we held oorsels in check,
Mibbes ye waantit us tae somehou ken,
Whit it is lyk tae keep oor luve in branks,
Gin this wis yer ettle Eddie, ah gie thenks,
Fir aa ye tocht us, aa that we hae lairned –
Discipline; watchful child o oor regrets.

The Art Stall: Buchanan Galleries
for Liz Lochhead

Stepping to the side found me in stillness,
     Incongruous here;
In the Buchanan Galleries' brash loudness,
Some uncharted islet had appeared.
On either side the Christmas shoppers thronged,
Flowing in their droves they'd merge, then veer
Towards that 'must have' gift behind its glass,
(The one for which he'd lusted, craved and longed)
Dad's new jumper, striking blue cashmere;
While tills played hymns to Mammon; 'Card or cash?'

But I had washed aground, found my escape,
     Amongst the prints,
This stall whose flimsy panels all were draped
With water-colours, oils and mezzotints,
Whose every scene shouted at you *'Glasgow!'*
An opportunistic stall of tenements,
Horse-drawn trams, and ghostly glowing lamps,
Edwardian villas, streets dusted with snow;
At upstairs windows fleshy women leant,
Listening to accordion playing tramps.

I avidly drank in these painted worlds,
      Reproductions
Where highland dancers reeled, and pipers skirled,
And marvelled at the artists evocations;
Joe Hendry's iconic Finnieston Crane
Vies with his *Squinty Bridge* for canvas space.
Sardonically amusing, *The Duke's New Hat*,
(Poor Wellington, astride his horse, defamed!)
There's brawny kilted Scots, stripped to the waist,
Or moody landscapes in acrylic art.

Still singing, Jack's ubiquitous butler,
      His voice? Who knows?
Al Bowlly, Crosby, Jolson, or some other
Crooner melting from the radio.
Jamie Simpson's *The Granary, Shawlands Cross*,
Or muscularly angular *School of Art*;
'Greek' Thomson etched in every curve and line.
A Quiet Sunday Morning, Charing Cross,
The Waverley ups anchor, disembarks;
Paintwork gleaming, elegant, pristine.

I raise my head, the hubbub once again,
      So duck once more,
Keen to anchor here, where quiet reigns,
Reluctant to depart this tranquil shore.
Then suddenly I'm part of some street scene,
Avril Paton's *Windows in the West*;
Hidden stories held behind each pane,
Twitching curtains made of crepe de Chine,
Instil a voyeuristic interest;
And in return I'm spied on with disdain

I turn away, to some backyard or close,
      The raucous calls,
Of kids in *Old Firm* tops and casual clothes,
Jersey's For Goalposts, kicking club footballs,
Old women, stooped, head-scarved, are gossiping,
Or taking turns to scrub their pipe-cleyed steps,
As pigeons flap to gain a precious foothold
On precarious ledges, scaffolding
Above them, briskly topping out the slates,
Men perched, taking in their rooftop world.

Dark horses ride along a bar of sand,
      Behind them hills,
That shimmer like that 'blue remembered' land,
Though Houseman never wrote, did he, of Mull?
The weathered dull red Sanquhar brick of Ibrox,
Juxtaposed of course by their great rivals;
Unearthly neon lights up Celtic Park.
Is that a frown upon the face of Knox?
Confronted by St Mungo, tribal rivals
Cast long shadows here, lost in the dark.

A world within a world within a world,
      My mobile rings,
The magic spell is broken and I'm hurled
Once more into the race for needful things;
I'm summoned to heft brimming carrier bags,
All the way to Cambridge Street multi-storey;
A twig, caught in an eddy, washed away.
High tide recedes from hills and land and crags,
The art stall slowly turns to memory;
The brush of night's begun to shade the day.

100 Books That Failed To Change My Life

There they sit, accusingly:
100 books that failed to change my life.
Full of promises unfulfilled,
skills, advice, knowledge,
witty aphorisms;
dumbly they denounce me –

'In tongue-tied after-dinner skirmishes,
we could have given you the edge –
But no! you took us hostage,
placed us here,
ranked us stiffly by subject,
incarcerated us,
so that now we impress
nobody.'

As they jostle and vie,
I hear their hidden laughter,
their conversations, badinage,
cry of victim, boast of hero,
their constant corrieneuchin
and supercilious chatter.
The political ones are worst!
Arraigning me like Banquo's ghost,
why on earth did I take *them* prisoner?

Now, they are an embarrassment;
A worthless memento of a past
I can no longer visualise.

Most people who visit fail to realise,
seeing only,
the transforming power of literature!
That I sought once for consolation,
some false, but cosy, companionship,
languidly turning their soft white pages,
sipping Earl Grey.

I should have known
they couldn't be trusted.
Now, they happily betray me;
as old friends do.

Morrissey *versus* Mussorgsky

The sudden announcement by Kath,
'We're off tae see Morrissey tonight'
in an accent
half Scots, half 'Salford Lads',
left me outshined.
The Mancunian miserablist,
all pessimism and rain,
his punctured bicycle
lying on his hillside,
fairly put the dampers
on my own cultural foray,
not Fauré, Mussorgsky!
And I'd looked forward so
to promenading
Modest's exotic ekphrasis,
that excellent exhibition;
the Gnome, the Castle,
Chicks and Catacombs,
his Hut on Hen's Legs,
The Great Gate of Kiev –
but, frankly Mr Shankly,
part of me now longed for
Margaret on the Guillotine,
National Front Disco,
Have-a-go Merchant,
and
You're the One for Me, Fatty.

But I have forgiven Kath,
and Morrissey;
Mussorgsky's hymn
to his great friend, Hartman,
deserved its triple-return
to the podium
for Mikhail Agrest –
and we listened to Radio 3
on the long drive home.

Blue Skies Thinkin

Ah ventured oot, acause o the volcano,
tae view frae the benmaist heicht o the Knipe,
the unkent ferlie promised bi the day.
Pechin up the brae taewart Blackcraig,
ah met a wummin wi her three bit weans,
'We micht no see a day lik this agane!' –
she thocht me gyte, bi thon queer luik she gien!
A fairmer blockt the track, unloadin kye,
fowr flichty luikin beasts, wi cauf at fuit,
'This waither, whit a day!' ah said, but he
girned his gab, sayin, 'We'll pey fir it, likely!';
It made me think oan Reid's braw poem, 'Scotland',
an smilin tae masel ah trauchled oan.
Atop the hill ah lay there neist a cairn,
an couriet near the bield gien bi its stane,
flat oan ma back, birslin lik a scone.
The warld invertit nou, gang heelstergowdie,
the lift grew fathomless, a shipless ocean,
Cerulean; uninterruptit blue!
Nae safety-net o criss-crosst vapour trails,
tae stap ma thochts frae raxin tae the sun.
A gled flew by, an him an me wir one.

The Sycamore at Calton

Warslin up the brae ah felt the weicht,
O aamaist hauf a century, bearin doun,
An tho the sun felt waarm upon ma face,
A snell bite thirlt throu the April air.
Ah stappit bi the junction, near the fairm,
At Calton, whaur it jynes the Seeventy-Six,
An claucht ma braith, stuid staunin by the gate,
Red-roostit, wi its heavy girder stanchion,
Tae view the remnant o a childhood frien;
The stump o thon aince michty Sycamore.
A solitary Bull, it held its grunnd,
Anchort firm in this rich Ayrshire sile,
Mair's twa hunner an fifty year
Etcht in its dense dendrochronology.
Ane o thae trees mair fittin fir a pentin,
Ah passed ye evri day, gaun tae the schuil,
In aa saisons, an aa waithers;
Yer michty canopy gien 'army shade'
Tae lollin lambs an sheep in swelterin Junes;
The quintessential archetype o simmer.
Back-end wuins wid sair tae chynge yer mood,
Shot throu wi aa the ochre tints o autumn,
Yer lessenin leaves presagin winters oncome,
While raucous back-sate smokers passed ye by,
Atop rid dooble-decker Western buses,
Tentless that the leaves that turnt fir thaim,
Syne tipt the auld year ower intae anither,

While ye stuid naukit throu the halcyon days,
Sleepin soun in shair howps o the spring;
The spring yer branches nou wull ne'er see.

Hou cuid they cut ye doun, while in yer prime,
Wha micht hae stuid an'er twa hunner year?
A stubborn notion aa at aince owercame me,
Ah sclimbt the gate an strode ower tae yer stump,
Then walkt around yer braid girth widdershins,
Coontin lood mair's twenty-fowr guid paces.
Trees lik this, ah thocht, wir worshipped aince;
Gin ah cuid conjure up some Druid's chaunt,
Some incantation weird tae win ye back...
But, ach Canute! Thon's nocht but fuilish thochts,
O thaim wha'd turn back tides, or turn back clocks.
Ah taen ae last, lang lingerin luik, an left.
Then, noticed in the verdant roadside verge,
Red Campion an Stitchwort, Meadowsweet;
The new life raxin oot frae neath ma feet.

Of What Does Water Sing?

In early March I walked round Afton Dam,
its frozen trees stood stiff as stalagmites,
its waters fast held, glacial, petrified;
ice so thick a rock I hurled
skittered across its surface,
like a penny on a board.
No wind, a silence almost loud,
broken now and then
by the far-off raucous cry
of an unseen Raven.
It made me think of Muninn,
perched on Odin's shoulders.
Then, of a summer long ago,
when as a boy I'd worked these woods,
for needful pocket money.
Taking orders from loud-mouthed Wull,
a bull of a man, who blustered and roared;
dead so many years.
That was the year of a mighty drought,
the sizzling summer of '76
when these waters all but evaporated.
When dry stone walls began to slowly creep
from wetly where they had been long submerged;
each day a few more feet they would protrude,
a promontory of parched black noiseless tongues,
trying to speak of a nameless place.
The drone of a wood wasp's lumbering flight,

disturbed the hazy air,
a primordial Sikorsky,
bearing time away.
Between the felling, brashing, burning,
buzz of chainsaw, blow of axe,
I'd stand there by the water's edge;
the sun and I, like Moses.
Till one day a gable-end appeared,
that after a week became a farm;
while I sat charmed as a child at a trick,
wondering who may have lived there once,
those windowless ghosts,
inhabiting this drowned place.
Then summer ended,
I left to be a man,
and slowly the waters reclaimed
their lost tenure.
A great Makar told me a story once,
of the Roman general,
Decimus Junius Brutus,
whose legion halted by a river in Spain,
afraid to ford its mythic breadth,
as local legend persisted then
that this was a tributary of the Lethe,
and those of them who dared wade over,
would instantly forget all whom they knew.
The general strode in to his waist,
emerging from the other side;
and called out to his men,
and named them, one by one,

until they laughed,
embarrassed by their shame
and superstitious fear.
Soon the spring will come,
another winter gone,
this plain of ice will melt and disappear.
The glen will gush,
cascades will spout and teem,
outpouring spates exultantly set free;
to rush down gulleys,
dash through hidden cleughs.
Till bank to brimming bank
they'll swell, in one full throated roar,
and sing a song that few will comprehend;
of something lost, now found,
of memories.

Bull

Back to the elements he broken winded stares,
rheumy eyes dull as the water he stands in,
bright copper ring to remind us he was king,
that marts and fairs parade his feted heirs.
Your email states there is no cause to worry;
your busy educated city life,
'bombarded' with all *sorts* of folk's invites.
Hometown too 'myopic': this, your augury,
pronouncing doom upon us like some shaman.
For me, I like it here, beside this gate,
happy with my lot, this simple state,
bike leant against a bar; bull contemplation.
I'm not convinced I've drawn some worthless lot,
I've seen and heard enough to know what's what.

Last Entry

Centres of care tonight were all closed down,
Care-plans all were signed and terminated –
'Due to death', no longer appropriate.
His room is tidied up with scarce a sound.
Nursing staff go through the well-drilled norms;
Informing Next of Kin, the Duty Doctor,
Time of death prosaically recorded,
Bed stripped down, Last Offices performed.
The plastic lighter that he'd used to light,
The stubbed out butt found on his window ledge,
Popped in an envelope, whose tart gum edge,
Folded, seals away a tragic life.
The change is counted on his bedside table;
It comes to two pounds sixty-three, in total.

Vandals

Thae rioters wha stormed the Millbank Tower,
An smashed up plate gless windaes an the rest,
Aroused *The Telegraph*'s ire, an *The Sun*.
Maraudin students, fechtin wi the polis,
Wha syne wir huckled, cuffed an taen awa.
But frien, ah'm shair, we've seen these fowk afore?
Gin you wid prie their wark, it's there tae see,
They're auld haunds at this gemme o destruction;
Steel-shuttert streets, bulldozed, shattert, gane,
Communities destroyed withooten care,
Skinny pale-faced weans in shoppin centres,
Heroin raddled, destitute, an puir.
Nae joabs, nae howp, nae pride, nae wark, nae dreams.
Luik here, ye'll fin their bitter legacy;
At Cotgrave, Grimethorpe, Ellington, New Cumnock,
Easington, Stainforth, Fallin, Ollerton.
An we aa ken fine weel juist wha they are,
Sae why's there naebody daein ocht aboot it?

Love 'n' Hate

Up the watter, whaur thon boy goat stabbed,
ah sat hunkert doun bi the cauld campfire,
mangst the roaches, cans, an burnt newspapers.
A drumlie day ah thocht, syne thon waarm nicht,
whan they toked, an drank, an soomed aa in the buff,
afore they hud their fatal castin oot.
Joe Strummer aince sung o 'Love 'n' Hate',
in a Vivienne Westwood newsprent shirt,
tho why that thocht unbidden cam juist then
ah dinnae ken, mibbes Joe hud hud enow
o love an peace an aa thon hippy guff –
the detritus o an age afore his time.
Ah liftit a bit charcoal an ah scrieved,
the wird 'Love' crudely oan a hauf-burnt page,
then juist ablow it ah scrawlt oot reuchly 'Hate'.
Then tearin thaim aff, ah stuffed each wan,
yin in a discardit Magners can,
the tither in a tin o Tennents Lager,
an then ah drapt thaim in abune the rapids;
Poohsticks fir the ASBO generation.
They jundied each anither fir poseetion,
but syne the can wi 'Love' keeled ower an sunk,
whiles 'Hate' sailed blithely intae calmer watters.
Life's a kindae lottery ah guess;
it cam as nae surprise that 'Love' haed droond,
it cuid juist as easy bin the ither wey roond.

Radio, Radio...

This time o year ah'm sairchin fir ye John,
In howps tae hear yer reassurin tones.
Ah birl the knob throu BBC 4 Home,
Scottish, Brussels, Hilversum, Athlone.
This Hacker Hunter aiblins is the wan,
Thae ithers that ah tried aa failt the test,
As dourly ah stick tae ma mystic quest,
Tae track ye doun, oot there ayont the starns.
Somewhaurs ye'll chuise yer Festive Fifty yet!
Ye'll jouk thon manufactured TV dross,
An play us whit ye waant, ne'er gie a toss! –
Fleet Foxes, Sigur Rós, Half Man Half Biscuit.
The dial turns throu faur Andromeda –
An shinin fowk are dancin tae The Fall.

Lorry Load o Christmas Trees

Snell November, fludes an wuin an rain,
The glumshy Nith laps up agin the waa's,
Glaumin oot tae threitin aa the Saunds.
Fowk daunce wild reels, fechtin wi umbrellas.
Whiles ower the Buccleuch Brig cams rummlin,
A lorry haipit up wi Christmas trees!
An this afore ae festive lichts bin lit;
Cherubs an angels, limpets stuck tae lampposts.
These trees, aa sealt an individually wrapt,
Happed in glistenin silver clingfilm jaikets.
But naebody e'en gies a sideweys luik;
Cuid they no see thae smiles yet tae come?
The tiny haunds raxin oot wi tinsel,
Geegaws an baubles dreepin frae ilk braunch,
The wunner o some tattertmallion fairy,
An boaxes! boaxes o aa shapes an sizes!
Magic's ayeweys waitin tae be foun,
Gin ye hae the een tae luik an see –
The lorry disappeart intae the gloamin,
An frae ahint the cloods, a lane star keekt.

Frae the Zen o Mut Li

Ae solitary snawflake
Oan the ruif o the Met Oaffice –
Nae schuil the day!

THE COAL

A selection of the poems written for the
film documentary Finding the Seam

The Coal

The series of poems in the section entitled 'The Coal', were commissioned as part of a film documentary project about coal mining in south west Scotland. This was a project run by the West of Scotland University, film director Tony Grace, librarian Raewyn Riach, myself and partially funded by ATH mining company.

The long poem 'The Coal' tells the story of coal; its geological conception; its domestic, industrial and social history; and its importance to my own place of birth. 'Disaster' commemorates the Knockshinnoch mining disaster that occurred in New Cumnock in 1950. 'Ghaists' is an elegy for the 'lost' mining village of Benwhat, near Dalmellington. 'The Great Stariski' is a poem about Johnny Stariski of Auchinleck, a man of proud Polish descent, who worked as 'powder magazine' manager at the Barony Pit.

All of the poems from the film documentary *Finding the Seam* will be available in a dedicated book published by Luath Press in autumn 2011

Rab Wilson

The Coal

The black heirt o Scotland aye-an-oan beats,
Laid doun ower sixty million year;
Riches frae the Carboniferous Age.
Dense forests daurk, whaur nae bird e'er did sing,
Whaur nae insect or dragonfly e'er flew,
Amang the endless aeons o seelent trees.
An auncient Eden whaur anely a souch o wuin
Disturbed the quate primordial warld
O lang ago extinct Lepidendrons,
The fern-lyk fronds o strange Pteridosperms,
An stately seas o towerin Calamites;
Twa hunner an fifty million year ago,
The coal wis formed.
Wha first discernt the black-stane hud a uise?
Some auncient tribe, sat hunkert roond their fire,
Wid aiblins set alowe some ootcrop seam,
An grunt – 'Luiks lyk we're oantae somethin here!'
The sairchin human mind wid suin unraivel
Magick alchemy lockt athin the stane,
An thaim wha kent its saicret properties,
O hou tae meld ae metal wi anither,
Wid be revered as shamans, God-lyk men.
They wid be yirdit wi the pomp an splendour
O kings an potentates o future ages;
Laid oot wi aa the graith an gear o power.
Syne tho, aa coin looses its bricht mintage,
Howkin coal becam a mundane thing;

Medieval monks frae Melrose an Newbattle
Wir gien the richt, frae Kings, tae win the coal,
An syne coal-heughs at Dailly an Kirkoswald,
Saw God catch oan – 'Let's exploit the warkers!'
Aeneas Sylvius stuid dumbfoundit when,
He witnessed, staunin ootby some kirk-yett –
'Near naukit beggars, joy upon their faces,
When gien a puckle o black-stanes as alms' –
The Kirk wis ne'er sweir tae turn a shillin.
A hunner year syne Hector Boece wis quoted:
'In Fyffe ar won black stanis
Quilk ha sa intollerable heit
Quhair they are kendillit
That they resolve and meltis irne
And are therefore richt proffitable
For operation of smithis' –
Coal wis here tae stey.

Draconian laws an statutes wir set doun,
Tae keep the miners shacklet tae the darg.
Faithers an sons, boond tae the mine fir life,
Slaves in aa but name – a cless apairt;
In Holyrood's ain Habeas Corpus Act,
Aa, but the colliers, wir tae be includit,
An they wir trait lik cattle, waur nor beasts.
They wrocht in Bell-Pits, Stair-Pits, In-Gaun E'es,
Whaur lassies, anely eicht or nine year auld,
Wid haul a load abune a hunnerweicht,
Aiblins mair as twenty times a shift,
The heicht o Sanct Paul's Cathedral's lofty dome –

Aye, thon wis 'sair, sair wark' withooten dout.
It taen fowk o a mair enlichtent age
Tae raise their haund an cry 'eneuch's eneuch!'
An eftir 1840s great Commission
Young weans wis banned frae warkin unnergrund –
Tho this in nae wey cowed the shout fir coal.
As output soars, demand outstrips supply,
Market Forces define an shape the laund,
New Cumnock rose an fell wi sic oangauns;
The place that boomed fir mair's a hunner year,
At Bank, Knockshinnoch, aye, an Paddy Waddells!
Hud its back brucken wi the Miners' Strike,
Condemned tae dee a slaw an lingerin daith.
Thatcher's sheddae fell across the place,
An fowk muived South, whaur they cuid fuin the wark.
Steel-shuttert nou her schemes gied up the ghaist,
An streets yince thrang wi weans grew husht an quate.
Hauf the hooses aa wir redd awa,
The saund sank tae its lowest in the gless –
But the beatin heirt o coal that dinged thaim doun,
Micht see thaim yet be biggit up agane.
The visionary team at ATH
Breathed life intae coal's local heritage.
Thon windin snake, a green arterial bypass,
The muckle conveyor – twelve kilometres lang,
The greatest o its kind in mainland Europe,
Craigmuckloch, aa the wey tae Crowbandsgate,
Thrums an hums, its pulse beats strang wi life;
An engineering feat tae rival Watt,
Or e'en Newcomen's Atmospheric Engine.

The rich black veins still wrocht fir Scotland's weill,
Rax ower the shooder o Parnassus Hill,
Radius curves, sinuous an subliminal,
Ablow the skyline, huggin evri contour,
Past the ruint herd's hoose at Craigshiel,
Craigdullyeart's lang abandoned gloomy caverns,
Whaur miners frae anither age aince laboured,
The kilns forleitit whaur they brunt the lime,
Fir aa the warld lik Reformation ruins,
Whaes cipher bides tho – 1837.
Deid industries ligg, decayin in this laundscape.
Long live the Coal!
The belt drives oan, 500 tonnes an hour.
It disappears ablow a lunky hole,
Then shoots alang the back o Watsonburn.
There's some regrets the wanton despoliation;
This aince wis Wull's cauf-kintra as a boy,
Lang-syne he fisht fir broon troot in the Guelt,
An strode throu bent, an sprett, an meadiegress,
Tae fuin the nests o merlins, whaups, mosscheepers,
Couriet inby the lea o the Rocky Burn,
Ower the saicent stile, an throu the Primrose Wuid
Tae watch thaim feed the quey at High Garleffan –
He swears he'll ne'er walk that wey agane,
Tae witness aa his bairntid swept awa;
Lost fir aye – a laundscape lik the muin.
It's fine tae eulogise anent the past,
We'd aa prefer the 'blue remembered hills...'
But *Real Politik* dictates the wey,
Wha'd tak a cut in public services,

Tae pey the lawin fir Ecology?
Don't kid yersel we'll staun an wring oor haunds,
Whae gies a damn fir whaups when lichts gang oot?
The kintra's cryin oot fir energy,
Will we staund by while Russkies turn the cock aff?
There's boys needs joabs, an Christmas comin oan,
It's twelve-hour shifts, an Sunday double-time,
Aathing ye hae's dug frae Garleffan mine –
The belt drives oan.
The coal skelps past the back o High Polquheys,
Whaur Alistair Black keeks doun at his watch,
A manager steept in 'the getting of coal'
There's black gowd tae be won – an he wull win it.
Whae's treidin in the fuitsteps o the past,
An kens men must be led, an no be driven,
An haimmers hame the rule o 'Safety First'
Tho men wull no aye dae tho as they're bidden,
An accidents, tho rare, can ayeweys heppen,
A sair yin yon, thae boys at Pennyvenie,
While Kirkconnel Miners' Memorial lists,
Raw upon raw, the names o mining's deid,
Thair's mair wir loast in aa Kirkconnel's pits
Than e'er wis loast bi thaim in twa warld wars –
Five thoosan a year dee in China's mines;
Keep mind, auld frien, thon's the price o coal.
But twelve-hour shifts is better than the dole,
An mony a man whaes doun upon his luck,
Wha hus a wife a twa bit weans tae cled,
Wid jimp at the chaunce tae drive a dumper truck.
The belt drives oan – the kintra needs the coal.

It dips past Rottenyard tae Crowbandsgate,
Whaur the traivellin triple-stacker doles it oot,
A longitudinal glistnin black stockpile,
That syne is loadit intae gantin wagons,
Tae feed the e'er hungry Power Stations;
Eggborough, syne Cockenzie an West Burton,
Ratcliffe, Cottam, Drax an Ironbridge.
The coal train rumbles oan intae the gloamin,
Alang the Nith, an unner Corsencon,
A faint corona haps the daurknin hills,
Infernal lichts illuminate the heivins,
Glenmuckloch lowes lik Zola's Le Voreux
While, twenty-fowr seeven, the belt rins oan.

Abune New Cumnock smeek is slawly driftin,
Frae twa, three, chimneys, dottit roun the toun.
It dissipates mang frosty, skinklin starns.
No mony hooses nou betray a fire,
Cept, aiblins some auld miner's, nou retired
Wha, o a wunter's nicht, sets up a bleeze,
An ne'er thinks oan the heat gien aff his coal,
That eases jynts worn sair wi constant wark,
Wis pitten there in ages lang-syne past,
An whit he's feelin's waarmth hained frae the sun –
Twa hunner an fifty million year ago.

Disaster

The seeventh o September, nineteen fifty,
The legend etcht oan these worn mairble heidstanes;
'*Knockshinnoch, Knockshinnoch, Knockshinnoch…*'
Whan the warld's een briefly lichtit oan New Cumnock,
A hunner an twenty nine men wir entombed,
When thon inrush o glaur swept throu the pit.
The heroic rescue attempt that follaed;
That savcd aamaist thaim aa – but these thirteen.
Stories haundit doun o local courage,
Men wha wrocht lik stirks tae save their friens;
Brent new ropes wi ten-ton brekkin strains
Wir snapt lik threid bi heavin desprait haunds.
Fowk drove theirsels ayont aa human leemits.
The photies in the archives at The Baird
Show seelent waitin croods wi fearfu faces;
Faithers, mithers, dochters, wives an sons.
Their shawls an bunnets o anither age,
That kent gey weel the price fir whit coal's won,
Wha gied thenks fir the men whae aa goat rescued,
But widnae lea the ithers in that place,
They won their menfolk back, aye evri wan.
Sae nou these comrades ligg here aathegaither,
In this safe bield amang the braes o hame;
Sleep soun, the darg is ower, ye've earnt yer rest.

Ghaists

Here, oan this blastit hillside, stuid Benwhat,
Whaur haurdy men aince mined the Ironstane,
Till it ran oot – an then they mined fir coal.
Seen frae the heichts it's lyk some Machu Picchu;
Weird plateaus an mounds define the grunnd,
Strange promontories grassed ower nou wi green,
As natuir slowly hains back whit's her ain.
Ower-sheddaed by the mammoth Opencasts,
The spoil-heaps o Benwhat are shilpit things;
Worm-casts, neist thae muckle mowdie-hillocks.
That lane brick wa they say wis aince the schuil,
Ah stoop tae lift a waithert block o cley,
'Dalmellington Iron Company', it reads;
The faded legend o some lang loast empire.
There's naethin left o douce, trig miners' raws,
Whaes cobbles rang wi soun o cleek n' girr,
Or scrape o tackets, thud o leather club,
The flap an whirr o racin pigeons wings,
White-peenied weemin clashin ower the dyke;
Whaur yae road taen ye in, an taen ye oot.
Thon aiblins wis *The Sacred Way* fir some,
Wha laucht an daffed alang it as they left –
When Ne'erday cam, their friens turnt doun a gless.
There's naethin here nou, naethin here but ghaists,
Heich oan the hill the stairk memorial stauns,
A souch o back-end wuin blaws snell an keen,
Throu brucken iron railins, whaur it steirs
The tattert remnants o a poppy wreath.

The Great Stariski
a legend o the Barony Colliery

The Great Stariski maks his entrance bow,
Poised oan the cross-beam o the vast 'A' Frame;
He aiblins sees imaginary crowds,
Gawpin at his daith-defyin stunts.
Mair's a hunner feet up in the air,
Nae spider's wab o safety net is strung,
Tae sauf him frae unsocht oblivion.

The Great Stariski luiks tae aa the airts,
Sic magick tricks depend upon their ritual,
An curtly bobs tae each pynt o the compass;
Tae the north, Ben Lomond's silhouette,
Tae the west, Goat Fell oan Arran's isle,
Tae the east, ayont Muirkirk, Cairn Table,
Tae the sooth, Sweet Afton's bonny glen.

The Great Stariski birls an pirouettes,
Then, tae admirin glances frae ablow,
Syne gangs tapselteerie, heelstergoudie,
Stauns oan his haunds, disdainfu o the risks,
An lauchs oot lood in life-affirmin joy
At aa thae wee black specks doun oan the grunnd.

The Great Stariski, balanced oan his girder,
Seems tentless o his parlous circumstance;
Up here he's free, can rax an touch the heivins,
An feel the wuin an rain upon his face.

The Great Stariski leeves athin the moment,
Taks in his queer inversion o the warld,
Syne wi some skeelie dancer's gracefu mien,
Lichtlies doun as saft as thistledown;
Dichts doun his stoorie, creashy overalls,
Sets at a jaunty sklent his auld pit helmet,
Recoups his yirdlie equilibrium,
Descends the ledder – an's mortal aince agane.

PART TWO

Pure

Whit wis she pure like?
Thon mad hair in a pure bun!
She is pure mingin!

AA Dyslexic

Wan's no eneuch –
An a thoosan's too mony.

Single Fare

This train is bound fir glory –
Whaur it will then terminate.

A Modest Proposal, 2010

Weel, thenk ye Iain Duncan Smith!
(Fir haein the smeddum, an the pith)
Tae state yer pairty's stairk intention;
Tae heize the age o auld age pensions.
The truth is that the kintra's skint,
Wir national piggy bank is tint,
Ye'll no lowse nou at sixty-five,
Faur less, guid daels at fifty-five!
(Unless o coorse ye're Fred the Shred,
Wha's sailed aff saufly tae the Med!)
But Iain, man!? Shairly, be mair bauld!
Gif nou we cannae afford the auld,
The truth is there fir aa tae see,
(Tertullian's Apology?).
It's heich time we updated Swift,
Gin we wid mak thae auld yins shift!
Whan aince they reach 'three-score-an-ten'
We'll 'Eat the Auld' – the answer's plain!
Juist sairve thaim up in barbecues –
Else (gin they're teuch) in tasty stews!
Juist think oan aa the savins then?
Ye'd syne be in the black agane!
Tho ane thing's shair, we'd aa agree,
There's ae thing that we'll ne'er see –
Wi *you* in chairge, Iain Duncan Smith;
We're haurdly gaun tae 'Eat the Rich'!

Holy Gordon's Prayer

O Lord my God, forgie this swither,
pray hear thy servant in his dither.
Shuid ah bide here? or cross the river –   1 Kings 18:21
      braid Rubicon –
(for hum an haw dis not luik cliver)
      Else, sodger oan?

Thou minds ah 'bottled it' aince afore,
when Cameron let oot sic a sploar –
Thou kens there's nocht that he'd like more,
      than an election –
faa him an aa his Tory corps,   Numbers 22:6
      fowk's fell rejection!

Shair Lord, thaim wi the mense tae see,
the path that you hae guidit me,   Exodus 3:8
wid ne'er dout that ma destiny,
      is mappit oot!
Keep mind, the warld wis sauved by me,
      withooten dout!

Your aid ah kent as foes ah trod oan,
As oligarchs felled taintit Osborne.
They felt ma wrath, ah strapt your sword oan,   Leviticus 26:7
      tae wreak thaim ill,
But thou kens ah'm no 'Flash' – juist Gordon,
      Sent at your will.

Mind, it's no juist the Opposeetion,
that poses threits tae ma poseetion,
Blunkett, Clarke, an in addeetion,
      young Miliband,
Cuid you no send *thaim* tae perdeetion –
      an rax yer haund?   **Exodus 15:6**

But, ah'm the man that ye hae chosen,   **1 Samuel 10:24**
Dreepin wi benison o unction
Your haund ah saw in Blair's expulsion,   **Leviticus 16:10**
      Tae the desert air,
Ah'd ne'er hae taen back Mandelson,
      Hud ah no bin shair.

Blair! Oan his throne! That wis *ma* chair!   **1 Kings 1:13**
Nou dinnae think ah'm bein unfair,
Lord mind, 'twis you that kept him there,
      fir aa thae years,
While thon Cherie gaed smirkin, shair,
      wi snipes an sneers.

While nou? He thinks tae get tae Heivin?
Ye'll mind, that war wis *his* deceesion!
Thae tens o thoosans slain – *his* veesion –   **1 Samuel 18:7**
      nane doun ti me –
Ah pleadit wi him, 'Tone, see reason...'
      He'd een tae see.   **Deuteronomy 21:7**

It's bin a lang road frae Kirkcaldy;
fir years ah languisht – his *dogsbody*,
while he gaed roond the warld tae toady,
    a braizent scrounger! –   John 9:8
tae Bush, Cliff Richard, Berlusconi –
    the beggin cadger!

Ma bairntid, aye; curst parsimony,
Thon wis nae land o milk an honey.   Exodus 3:8
Auld John wid aiblins think it funny,
    Ah've toun the key,
Tae sairve baith maisters – God an Money,   Matthew 6:24
    in like degree.

An did the fowk gie me their thanks   1 Chronicles 29:13
fir bailin oot their Scottish banks?
Ah micht bin better sendin tanks,
    tae quell their bleatin.
An wha's tae blame, Lord? Aye, the Yanks!
    Tae *thaim* gang greetin!

Economy wis stupit, thanks –
They're blamin me, gaun doun the stanks,   2 Samuel 22:24
but Madoff wi his Ponzi pranks
    wis ill tae trust:
no ma faut that the British banks
    gaed boom, syne bust!

Thae billions aff fowk's 'Pensions Scheme',
wis mine bi richts, tae fund ma dream!
Sae whit, gin ah straikt aff some cream,   Job 29:6
    fir odd 'Fat-Cats'?
It's juist a fact, Lord: Mammon's stream,
    aye droons some rats!

Ma pure an flawless disposeetion,   Job 11:4
Sees me steer clear o aa corruption,
Ma jaunts wi Geoffrey Robinson,
    tae fitba matches,
Wis sanctiont tae enhance relations –
    read the Dispatches!

Mind, Rome fair bates Stark's Park Lord, whiles,
Raith Rovers native domicile,
Wha lead the Irn-Bru league wi style!
    Nae feet o clay!   Daniel 2:33
Ah fervent pray ye'll oan thaim smile,   Job 29:24
    Hame or Away!

But here: ah'm gaun 'aff-message' Lord.
Thou kens they'r blissed that hears thy Wurd.   Numbers 24:4
No leeterally! – thon's absurd!
    Hou Bush gaed oan!
(Nae rael surprise that thon man heard
    Ye oan his phone!)

Shuid ah announce a snap election,
in this, the kintra's warst recession?
It wid be nice Lord, an Ascension –
      Wi ma ain Mandate!
Ah'm fed up wi the allegation –
      'Wha hesitates is bate.'   Job 30:10

Mak the Juidgement o ma story;
'Gorgeous Gordo pips the Tory!'
Juist think o whit tabloid furore
      Gart Dave resign?
Ye hae ma wurd Lord, aa the Glory
      Shall be Thine!   1 Chronicles 16:8

Amen!

'Holy Gordon's Prayer' was commissioned by the Scottish Qualifications Authority and the Scottish Poetry Library for their book Addressing the Bard – *an anthology of Robert Burns poems with contemporary re-imaginings of these poems written by modern poets, including Seamus Heaney, Carol Ann Duffy, Robert Crawford and James Robertson. Twelve copies of the book were placed in every Scottish secondary school. We were given a list of Burns poems to choose from – I said I would take the poem no-one else wanted, thus I was given 'Holy Willie's Prayer'. I turned this into a satirical swipe at the then Labour prime minister Gordon Brown. The poem proved prescient. Brown resigned after losing the May 2010 general election to the Tories and David Cameron.*

The Health and Safety Man
dedicated to the Royal Caledonian Curling Club

'That's the ba burst nou!' the Sairgeant said,
An stubt his dowt oot oan the cludgie wa,
'Ye'se aa can pit yer mobile phones awa –
Nae dodgy photies nou at Abu Ghraib!
Syne the Health an Safety man's bin roond,
An screived *'Not Fit For Purpose'* oan his sheet;
A rid-line drewn richt throu wir Nimrod fleet!
The body-armour store!? He's left it toum;
An telt puir Wullie, 'Tak that straicht aff, nou!'
Afore he flung it doun, an shak his heid,
Said, 'Gin ye'se wear that son, ye'll aa be deid!'
The 'Landie' squadron's stuid doun evri crew!'
The Sairge says 'Dinnae wirry!' – ah've ma douts;
The war's bin cancellt till it's sortit oot.

Vote Conlabourative!

Joukerie-pawkerie, here we gae agane,
the auld flim-flam, an swickerie, aa the same;
blame each anither, but nane wull tak the blame –
an bill Jock-Bruit tae pey thair saicent hame!
We've seen it aa afore, *'Juist gie's yer vote!'*
An Rid or Blue ye'll get the selsame hue;
The kintra's debts wull bide wi me an you –
While bankers, peers, an rats aa buird the boat,
Tae some sauf haven, aiblins in Belize,
Else, ermine-cleid lik Gorbals Mick they'll sit,
An steigh their wames oan their 'expenses chit',
Whyles we're aa taxed tae daith as pips gets squeezed.
Onybody but thaim! This nou's ma plea;
Rise aff yer knees an vote fir SNP!

The Execution *Wull* Be Televised

Did you agree whan they shot Raoul Moat?
Or mibbes it didnae float yer boat?
As oan wide-screen puir Raoul wis shot,
Did you agree whan they shot Raoul Moat?

Did ony o ye'se think it fair?
As Tasers cracklet in the air,
This live TV electric chair,
Did ony o ye'se think it fair?

They aa kent Raoul wis aiblins mad,
Wha ne'er e'en kent his dad,
An aye, OK, Raoul times wis bad,
But they aa kent that Raoul wis mad!

Steroids fuelled his paranoia,
Tabloids stoked up right-wing bovver,
Ambulance chasin vultures hover,
Steroids fuelled his paranoia.

Why wis there nae psychiatrist?
Whan 'First Rank Symptoms' he'd a list!
Why wir they appyntments missed?
Why wis there nae psychiatrist?

Why wis his manhunt sic a mess?
They e'en caa'd in the SAS,
Infra-red lenses, the RAF,
Why wis the manhunt sic a mess?

Hou mony polis dis it tak?
Tae Taser wan man in the back?
They cuid hae cut the man some slack,
Hou mony polis dis it tak?

Why did they hae tae end it there?
They cuid hae waitit a day, or mair,
They cuid hae talked him doun ah'm shair,
Why did they hae tae end it there?

Wha'll fuit the bill fir 'Moaty's' siege?
Nou the kintra's oan its knees,
Best believe pal, you an me!
We'll fuit the bill fir 'Moaty's' siege!

Whit dis Facebook hae tae say?
The crap they prentit evri day,
Else, 'Moaty' T-shirts oan Ebay,
Whit dis Facebook hae tae say?

Twae post-mortems they've hud nou!
An wha's tae say whit yin is true?
Viscount Rothermere's private zoo?
Twae post-mortems they've hud nou!

Here's the truth, whether wrang or right,
Gin you are puir, unemployed an white,
There's a bleeze juist waitin tae ignite!
Thon's the truth, whether wrang or right!

Here's the digital revolution,
Here's society's new solution;
Simon's *Britain's Got Execution!* –
Here's the digital revolution!

Raoul hud nae richt tae tak fowk's lives,
Mair tae be pitied than vilified,
Tak tent tho, frae the wey he died –
The execution wull be televised!

That Wis When He Whackt Him!

Ane o the boys asks Buddha, 'Ur you the Messiah?'
'Naw,' says Bhudda.
'Eh, ur ye a healer then?'
'Naw', says Bhudda agane.
'Then, ye're a teacher, richt?' threips the boy.
'Naw, ah'm no a teacher eithers.'
'Then whit the hell ur ye?' says the boy, pure scunnert.
'Ah'm awauk,' says Bhudda.

Bad Day at Fraggle Rock

Aye, they'll aa be sorry then;
Thae Fraggles, an Doozers,
Gorgs wi their gairdens,
Marjorie the Trash Heap,
An Fulton MacKay
Wi his daft dug, Sprocket.

Aye they'll aa be sorry then –
When Spencer Tracy sclims aff his train,
An gies thaim that cauld luik,
O appraisal an accusation.
They'll no be able tae meet his ee.
They ken whit they've duin.

A Sonnet Oan Ma Birthday

Ahint me is the room whaur ah wis born,
an thon's the kirk, whaur ah wis lang syne christent,
the settin sun abuin it glents an glistens,
tentless o this wee bit orb that's worn
its path around it, fifty years fir me.
There the hay-field lay, greenhouses stuid,
that gie this grund fir me a sanctitude;
This is hame. It's whaur ah want tae be.
Ma kin around me, leevin yet, or ghaists,
ma mither's roses, yella, rid an cream;
a thousand simmer waddins in their scent.
Ma dearest friens, an aa that they hae meant,
the faimily, wha've shared ma howps an dreams;
The sun, wha gies this place his last embrace.

1 September 2010

Kemp's Stane

Up by the 'Lassies' Pool', Polquhirter Burn,
steggin throu spret, shot throu wi Devil's-bit,
Red Admiral's ascend frae neath ma fuit;
launch aff blue burrs in crazy Immelman turns.
A blur o orange, broon an white, escorts me
oan this gyte quest, ah aft made as a bairn,
tae read the letters cairven oan the stane;
thon muckle lump o whin, ablow the trees.
Nou haurdly thair a nem left tae bi seen,
whaur aince the mark o evri wean that soumt,
made camp, brunt fires, then scartit here their runes,
in thon queer rite o passage they'd bin gien.
An tho ah luikt, an luikt, yer nem wis loast –
heirtless time erases aathing past.

Ahab

Hou he survived?
A miracle!
Pu'd frae the waves,
Mair deid than alive,
Thon queer shock o white,
Shot throu his hair –
An that stare,
Twa weeks he's bin aboard nou,
Corrieneuchin sleely
In evri crewman's ear;
Sae that they've aa taen oan
That wild leuk.
Yestreen he hud the skipper's airm,
The day the wuin lies tae the leeward.
And at the Dogwatch there
He sidled up tae me,
An speirt ma name;
'Ishmael' ah said 'It's Ishmael...'
Then felt masel gang unner
In the glamourie o his gaze;
An kent at aince
The coorse we hud tae follae...

Hamecomin

Gin thaim wha focht fir Scotland cuid win hame,
Sauf frae aa thae fell, ill-kindit wars,
Claithyaird shaft, or deidlie cannon's roar –
We'd suin ding doun thae shamefou leets o stane.
Ah'd no be sweir tae lowse oor warlyk nem;
Gallus Gaels wha stuid wi bauld Galgacus –
Daur't the Roman aigil at Mons Graupius,
Or ither lang-tint baittles we cuid claim;
Dunnichen, or Dawstane, Brunanbuhr,
Whan Ecgfrith's hauchty Saxons goat thair pawks,
The anely victors o that day wir mawks,
Or ravens, feastin wi thair horny nebs.
Wir muirs an shaws an sile must hae some drouth,
Tae no be slockit bi thon flooer o youth.

Whan wull we lairn? We ettled mair sic ploys,
Whan Fletcher tirlt the flag o Macclesfield,
He wis the anely yin tae win sauf bield,
Fir sae it gangs, sign oan the drum-heid boys!
An gemmely frae the glen they maircht awa,
Culloden Muir, whaur, cam the evenin dyne,
The sires wir butchert o the 'Thin Red Line',
An aye we dee in e'er mair fremmit wars,
Till nou the lads ligg in Afghanistan,
Fechtin bure fuit boys, fir god kens whit,
An MPs here, wha divnae gie a shit,
'Cept whan they rip us aff wi some new scam.
Whyles ower Wootton Bassett there's the mane,
O transports bringin Scottish heroes hame.

Tony Answers to a Higher Power

Force is always an option,
We had to send a clear
And powerful message.
Let me make this absolutely clear;
I thought he was profoundly evil –
A monster!
You're always in a position...
We'll get to the detail later...
Sanctions were eroding,
Concerns about the 'No-Fly' zone,
May I just say,
And this is incredibly important,
After 9/11 we couldn't take any risks,
Our view had changed dramatically.
If you don't mind me saying so...
The calculus of risk...
The Americans favoured
A change of regime.
I think it's fair to say...
We were confronting a new threat,
Religious fanaticism.
UN resolutions?
Of course...
But, in my view, the risks...
It was a very important point...

There was no false 'evidence'
Inserted in the dossier.
I took the decision...
Look, we went to war over WMD –
The risks were too great.
Naked, in chains, Tony was led away.
On his great throne Mephistopheles smiled.

Ah Met the Truth the Day
for WH

Ah met the truth the day,
an ah thocht it wid smell o
freesia, pine forests,
or new-mown fields;
but it smelt rancid an rotten,
o somethin that wis deid.

Ah touched the truth the day,
ah thocht it wid be lik satin,
or velvet, or day auld skin;
but it wis cauld an clammy,
an awfy,
an made me pu ma haund awa.

Ah tastit the truth the day,
ah thocht it wid be sweet,
an taste o hinnie –
but it didnae.
It tastit lik slaes –
aa sour, an wersh.

Ah heard the truth the day,
ah thocht it wid be lik choirs,
else birdsang, wind souchin gently
in trees o simmer.
But it wis jarrin, an harsh,
lik the brekkin o gless.

Ah saw the truth the day,
ah thocht it wid be loosome,
an blindin, an fou o wunner.
That the sicht o it wid mak ma hairt sing.
But it wis ugsome an gruesome,
an frichtsome –

an it gart me luik awa.

Sons o Selgovae!

The faur kent Nith sweeps regally throu the Saunds,
History cairved alang its windin course,
Raxin seeventy miles oot frae its source,
A laund o' broch an crannog, hillfort, duns;
Whaur, lang syne, bronze age boats aince berthed tae tred,
Tin frae Cornwall, copper frae Great Orme,
An ower yer 'muddy ford' the fowk wid thrang,
Tae barter skins, or huntin dowgs they'd bred.
Whyle aiblins frae his heich fort in the wuids,
Thae fremmit masts some chieftain micht hae spied,
O Roman galleys beatin oan the tide,
An suin the drumlie watters ran wi bluid.
Sons o Selgovae! Whaes fawm aince lowed –
Afore ye tint yer torcs o burnisht gowd.

*'Sons o Selgovae' was a commissioned piece that has been etched
into granite for a public artworks display in Dumfries. It celebrates
the River Nith and its importance to the town. I imagined that
point in history when the bronze age Celtic chieftains would have
had their power taken from them by the invading Romans.*

Napoleon's Gairden

You, wha'd subdued aa the Papal States,
crusht Austria an Russia at Austerlitz,
an wha, lik Alexander micht
hae conquert aa the warld;
wir you disjaskit at yer exiled state?
Gin ye wir, ye hid it geyan weel.

'Child of a fierce hour', you wir forced
tae leeve wi your regrets maist evri day;
nae Josephine, nae wird anent yer son –
'J'allais, Seigneur, pleurer un moment avec lui.
Je ne l'ai point encore embrassé d'aujourd'hui.'*
Whilst Hudson Lowe laid doun his petty rules;
'Nae gifts! Gin they're addresst l'Empereur'
an hud twa hunner sentries gaird ye –
nicht an day.

Here, oan this gowsty outcrop oan the ocean,
twelve hunner miles frae naewhaur,
ye rallied yer troops, ae last time, tae the colours;
Bertrand, de Montholon, Gourgaud an Las Cases,
an coucht yer launce tae chairge aince mair the foe.

* *Quotation from* Andromache, *by Jean Racine: 'I went, Lord,
a time to cry with him: I've not yet embraced today'.*

This fremmit yird wid be your battlefield,
an you wid foster aa yer martial skills
tae win each centimetre fir the cause,
the vital grunnd made siccar, 'pour la France!'.
Regiments o aiks wid be deployed;
peelie-wallie platoons o young peach trees;
plants an shrubs o evri hue an colour,
ponds constructit, that in yer minds tableaux
wir aiblins the Grandes Eaux at Fontainebleau.
Till, at the hinnerend, ye beamed lik Satan,
reclaimin fir hissel some pairt o Heivin,
glowerin proudly ower yer shilpit empire.

Lowe retreatit, defeatit, tae lick his wounds,
tuik his revenge fir this sair black affront,
bade his time, til time taen care o you,
an laid ye oot athin yer nameless tomb.

*Whilst exiled on St Helena Napoleon took delight in baiting his
captors at every opportunity. He disliked the proximity of his guards
and so decided to distance himself from them by extending the
boundary of his garden. He embraced the task with the tremendous
vigour of any of his military campaigns!*

Paradise Lost

Post-restoration bile it aiblins wis
that saw Great Milton's banes stown frae their grave,
thon day when pandaemonium ensued;
when Maister Fountain pu'd haurd at yer teeth,
that thrawnly held, refusin tae be lowst,
until a haundy brick syne duin the joab.
When Maister Laming poacketit yer jaw,
syne chaingt his mind, then flung it back agane.
An *this* bi thaim wha wid bigg *up* yer name –
yet werenae blate tae pit ye oan display!
Wha chairged the fowk a fee fir twa, three days –
a tanner a heid – syne thruppence – tuppence – til
idle curiosity wis tyned;
prior tae some monument bein erectit.
It fell tae Maister Neve tae win back order
an see yer relics aa wir re-interred;
the hale ongauns anent this sad gilravage
set-oot in Cowper's mad heronious stanzas. `
Is there in this grim tale Satanic Logic?
Blake wisnae feart tae gie yer name a heize
(tho Ezra Pound an Eliot dinged ye doun)
whilst Johnson's Tory neb dismissed ye as
'A surly, acrimonious republican!'
Darwin read yer warks aboard *The Beagle*,
an warstled lang anent the loss o Eden,
afore he cam tae his sair-wrocht conclusion,
that nae benign divinity hauds sway;

that new life aa is born frae oor extinction.
It's cruelty, daith, an loss that drives us oan,
cauld Naitur luiks asklent whaur we're concernt;
the wuin blaws snell an bleak owre aa oor banes.

Poised Languidly Upon a Coign of Vantage

Poised languidly upon a coign of vantage,
Garlands of welcome woven in their hair,
Anticipation shimmers in the air;
An ancient evening from a distant age.
Far below, the sturdy beat of oarsmen,
The dreaded wake so feared in far-off lands,
Pulling strongly home with calloused hands,
Bodies glazed; the filth and sweat of action.
At dusk they'll pay swift homage to their gods,
Luxuriate with oils, in bath or sauna,
With raucous songs, or tears, their comrades honour,
Before they stagger home in rowdy squads.
Tonight both slave and mistress will surrender,
To fierce embraces ardent then so tender.

Sonnet inspired by the painting A Coign of Vantage *by Sir Lawrence Alma-Tadema (1895).*

Big Davie
i.m. David R. Ross 1958–2010

Weel micht the Saltires flee hauf mast the day,
Fir ane o Scotia's heroes, taen ower suin.
Why maun the saunds o time sae tentless rin,
Tae ayeweys tak the vera best we hae.
Ah've mind him! Cled in youthheid, buskit braw,
Thon tartan giant, wieldin targe, claymore!
His 'Walk for Wallace', dignity he bore,
Wi passion, pride, an smeddum maist o aa.
Naw, Davie didnae dee in some sauf bield,
He at Culloden dee'd, braidsword in haun,
He dee'd at Stirling Brig, else Bannockburn –
He's taen wi aa the flooers o Flodden field.
Davie Ross, we'll hain yer daithless name;
An friens wull sing yer michty speerit hame!

Sang

i.m. John Law 1951–2010

Ah foun a merle by the road,
No faur ayont Merkland,
An eidently ah pickt it up,
An held it in ma haund.

Sae tenderlie its sable breist,
Ah smuithed an saftly brusht,
While aa at aince the singin wuids,
Grew seelent, aa wis husht.

Nae mair, ah thocht, yer bonnie sang,
Will thrill doun throu the glen,
Nor echo at the gloamin tide,
Frae Knoweheid's bosky den.

Tho kennin weel the cranreuch cauld,
Ye'd nae mair hae tae bide,
Ah placed ye in some bieldy place,
Anent the auld dykeside;

Fir aiblins thair are ither wuids,
Whaur sang is no unkent,
An fast ah clung tae that bricht howp,
As doun the road ah went.

Chuang Tzu's Empty Boat

Amidst the cries of recrimination,
who's to blame,
regrets and disappointments,
Woodley's talk of war,
Walsh's 'fair proposals',
lost revenues of over forty million,
headlines that reverberate with hate,
the rancour of the public's disaffection.

Yet here we are,
twenty-eight million a day;
no end in sight.
Everyone stoic,
resolved and practical.
Weary travellers
embrace the 'Dunkirk spirit';
do the best they can.

Anger pointless,
frustration futile;
faced with the empty boat.

For a period during April 2010 all air flights over the UK main-land were cancelled due to the eruption of the Eyjafjallajuökull volcano in Iceland. This event coincided with an airway company strike by the BASSA and UNITE trade unions (Unite being led by their Secretary Tony Woodley) in an acrimonious dispute with British Airways and their Chief Executive Willie Walsh.

Villa

for Irfan

Lounging at the Villa Soleileidou,
the thought evolved; to write a villanelle.
I laboured at my task the summer through.

But something in the air; the sea's vast blue;
distracted me until I could not tell
my tale and, drowned in *Premiere Cru,*

I dissipated time in the Mistral.
That poem remains with God, or else Vishnu.
Lounging at the Villa Soleileidou,
I laboured at my task the summer through.

Visitant

Wandering days and months,
Worn with their eternal quest –
I pass with the years.

Radio Phone-In

That was poor Robyn,
Living in her car on Dartmoor,
With her five dogs,
In sub-zero temperatures –
Next;
Morris Dancing.

The Sound of One Hand Clapping

The exercise bike
In the psychiatric ward;
A pedal missing.

1957 FLYING SCOT

A Sonnet Redoublé Elegy

1957 Flying Scot

'1957 Flying Scot' is a sonnet redoublé, or heroic crown of sonnets, that is at once an elegy and a celebration of the UK's, and more especially Glasgow's, great heritage of building high quality racing and touring bicycles. The eponymous marque of the sequence's title has been specifically chosen to exemplify the many companies, mostly gone now, who led the world in this vast industry. Once upon a time a Flying Scot bicycle was the dream and aspiration of many working class boys in Scotland. An old acquaintance told me that when he was a boy, in rural Wigtownshire in 1951, his 'Scot' cost him about £42 – this was at a time when his father's weekly wage was £5! These were incredibly expensive, exotic and desirable objects in their day.

The following poems celebrate the way these machines were revered, coveted and sought after (they still are!); the skills, now sadly mostly lost, that went into their construction and building; the artistry and aesthetic beauty of them; the characters who rode them to victory and glory, or people like David Bell (writer of the weekly 'The Highway Man' column in the *Ayrshire Post* newspaper from the 1930s to the 1960s) who celebrated and advocated the cycling lifestyle in an age when this was sometimes the working man's only means of transport. The poems record the great names of Britain's cycling heritage (some, such as Dawes, Raleigh and Claude Butler, still very much to the fore), bikes that are very much sought after now by enthusiasts and collectors alike. They chart the experience of club riders giving their all in local races (in Ayrshire, my home county, they still have the David Bell Memorial Race every year, hosted by Ayr Roads Club), the places (ie the 'Screws' – a very tricky and twisting section of one particular race) and routes that are mentioned, being from the actual areas and roads raced and rode upon; giving a taste of these fierce contests! There are wistful, imagined memories of old cyclists, reminiscing about their cycling youth. There are references to the extremely complex technical aspects of framebuilding; a skill, in my mind, every bit as mystical and magical as the forging of Excalibur! A search for one of these bikes threads its way through the poems' narrative. One sonnet describes an original 'order form', supplied by David Rattray & Co., Ltd (a rare object indeed, found by chance on eBay), with its enigmatic purchaser, Mr Wood, placing an order for his cycle in 1948. The unique properties of the Flying Scot as a racing machine are defined, and finally, with the death of Jack Smith, the demise, closure and loss of this once incredibly important part of Scotland's industrial heritage.

No doubt there are still some of these fantastic machines languishing in huts, garages or lofts; hopefully they will all eventually be rediscovered, re-commissioned, and most importantly of all, just ridden upon and enjoyed!

Rab Wilson

Related bicycle website: http://www.classiclightweights.co.uk/ *(maintained by Peter Underwood)*

1957 Flying Scot

I

My 1957 Flying Scot,
Glistening red, a 'Continental' model,
Seductive angles almost mystical,
Stays, pencil thin, strong and stiff and taut
Finely bred racing greyhound of a bike,
How I coveted you when I was young,
Scouring endless rows of 'For Sale' columns,
And looked at fakes, almost, but not quite right.
Rumours stashed in huts or scrapmen's yards,
Hearsay tales of garages and lofts,
My holy grail determinedly I sought;
Sublime exemplar of framebuilding's art,
Till there you were, I'd quite by chance been led,
Quietly rusting in some garden shed.

II

Quietly rusting in some garden shed,
How many went the way of council tips,
When classic cycles seemed no longer hip,
And new designs or fads began to spread;
Ubiquitous Raleigh Choppers, all the rage!
Or mountain bikes (who'd want to ride on them!?)
Carbon composite, chrome molybdenum,
Bike design had turned another page.
The famous 'Lightweight' names had had their day,
Scuffed and scraped, 'bing bikes' to gather coal,
Torn seats, bald tyres, left stood outside the dole,
Left in the rain to rot and waste away.
But passion still at some heartstrings could tug;
Elegant curlicues of Nervex lugs.

III

Elegant curlicues of Nervex lugs,
Or Ekla, Prugnat, detailed, graceful, showy,
Those Murray Street magicians, in their heyday,
Lavished care down to your bar-end plugs.
Frame-end dropouts; Zeus or Campagnolo,
Braze-ons, individually required,
By those who to your peerless marque aspired,
Track racers weighing up 'Simplex or Cyclo?'
Sweeps and whirls, delicate turns and folds,
Created by those long-gone journeymen,
Whose craftsmanship we'll never see again,
Their wizardry long faded now, grown old,
Consigned with junk and coronation mugs;
Hidden beneath a tartan picnic rug.

IV

Hidden beneath a tartan picnic rug,
A leather bound road atlas by your flask,
Marked off with favourite routes, the weekly task
To cycle, push or carry, heave and lug
Your trusty metal steed through wind and rain;
Kilkerran, Straiton, Maxwelton, Dalquharran,
The fearsome Nic o Balloch's sheer stey run,
Forest o Galloway's bleak wild terrain.
All this to get another weekly column;
'The Highway Man', who knew these hills so well,
That cast on him their sullen, lonely spell.
I asked an old time cyclist to describe him,
'Tae sum up Davie Bell!?' – he scratched his head,
'Epitome of bike!' was what he said.

V

'Epitome of bike!' was what he said,
True, I thought, of man and of machine,
Resolved to find the Scottish cyclist's dream,
Till Pete, one day, whilst tapping out a thread,
Announced that some old guy'd come in his shop,
Curious of these 'mountain bike contraptions'
And in some conversational digression,
Had stated that he owned a Flying Scot.
'I hope you got his name and his address!?'
 Pete shook his head, then laughed, pulling my leg,
'Here's his number', he knew I'd steal or beg
To own a 'Scot', I thanked him nonetheless.
The frame was straight and true, he took my bid,
I bought you for a bargain fifty quid.

VI

I bought you for a bargain fifty quid,
Components though and groupset, all were shot,
The wife announced 'Some more daft junk you've bought?'
But I was lost in reverie, enchanted.
Hiduminium callipers could be salvaged,
Chater Lea chainset rusted all to hell,
Rims and spokes corroded bad as well,
Every piece of mild steel was ravaged.
Its frame though was pure gold, pure cycling heaven!
Bottom bracket soon was wire-brushed,
Some emery applied, I stood there hushed,
'51 G' – that's nineteen fifty seven!
You far eclipsed those others that I'd shunned;
Claude Butler, Dawes, Holdsworth, Raleigh, Sun.

VII

Claude Butler, Dawes, Holdsworth, Raleigh, Sun,
Legendary marques, alive and dead,
Reminders of the industry we led,
Archetypal models, second to none;
'Curly' Hetchins, Rudge, Baines Flying Gate,
Hobbs of Barbican, or Hines of Finchley,
Joe Cooke, Freddie Folds and Hilton Wrigley,
Pemberton Arrow, Holmes of Welling, Bates;
Every one we let slip through our hands.
Bespoke, handmade, all jewels of design,
The art to draw freehand a clean box-line,
Blown away on time like shifting sands.
Yet, still the answer comes from everyone –
'None of them could touch you, not a one!'

VIII

'None of them could touch you, not a one!'
And he agreed, eyes sparkling as he talked,
As in his conversation memories flocked,
Of Ayrshire cyclists; clubs now long since gone –
Affleck Wheelers, the Arran View Cycling Club,
Clarion, Fullarton Wheelers, the Argonauts,
'Massie' Alexander, Gavin Stobbs,
Harry Fairbairn, star of Ayr Roads Club.
A gust of wind blew through his sparse grey locks,
Just as it had those long gone racing days,
Descending through the 'Screws' dense wooded maze,
Pursuing ghosts, short-sleeved in khaki shorts.
I took the folded note from out my pocket;
Original receipt, five pounds deposit.

IX

Original receipt, five pounds deposit,
Buff paper, faded, carrying the date –
7th February, nineteen forty-eight.
'We will inform you when your bike's completed.'
The busy letterhead extols with pride,
The confidence and faith your builders had,
They hope to 'justify your choice', were glad
You'd chose the bike built on the banks of Clyde.
I picture him, this unknown Mr Wood,
Young, perhaps a soldier, just demobbed,
Who'd saved each week a precious two, three bob,
Reading with joy this missive, that concludes,
'Signed John L. Smith', down at its foot, below
Its legend; David Rattray & Co.

X

Its legend; David Rattray & Co.
Grew from McAslin Street's wee cycle shop,
Till premises in Murray Street were bought;
Synonymous with Scottish cycling lore.
This photograph; brown coated men with ties,
Engineers with overalls and bunnets,
Bench with bits of bike strewn out upon it,
Behind them, hanging, frames of every size;
Speaks of a time when Glasgow ruled the world,
When flash of arc and spark from welding shop,
Produced the cream of global cycling's crop,
The famous Saltire badge with pride unfurled!
The matchless name and reputation won;
Built from the finest Reynolds 531.

XI

Built from the finest Reynolds 531,
Postwar years turned out frames in their thousands,
Clydeside shipyard workers in their legions,
Would ride the Ochil Hills on weekend runs.
While hard-won wages would be spent at Rattray's,
Custom wheels built to their specification,
Upgraded brakes, GB or Hiduminium,
Proud owners wheeled out gleaming new machinery.
The bustling workshops here produced the best;
Brazing, building, welding, engineering,
Paint applied, fine tuned derailleur gearing,
Bikes that now today still stand the test.
Old clubmen still recall with zest the fun,
That 'whippiness' they talked of, on a run.

XII

That 'whippiness' they talked of, on a run,
That 'thing' we can't define, that can't be said,
'Responses' of a racing thoroughbred,
It can't be understood by everyone,
Except those men, bunched for the finish line,
Whose bulging thigh and thew strains as they strive,
Hearts pounding, lungs on fire, as on they drive,
To lie beyond the broken tape, supine.
Osmotically pain passes up through forks;
Heroic hill-climbs, track and circuit races,
Ten mile time trials fought by each club's aces,
To sap the final vestige of their force.
Those riders that chose you still smile, they know;
Your Saltire badge still holds its lustrous glow.

XIII

Your Saltire badge still holds its lustrous glow,
And transfers tell the world your pedigree,
The down-tube's fancy script for all to see,
Restored to former glory, while Shimano
Takes the place of rusted old components;
I'd grudged the price of OE Chater Lea,
On eBay'd been outbid on some GB,
While online cycling forums' sage exponents
Gave sound advice on where to compromise,
Alloy parts negate the cursed tin-worm;
But old Brooks saddle, worn, is kind and warm.
Glass-cased you're not – built to enjoy, and ride!
Though now and then, on some back road, the thought;
Tragically lost, the skills from which you're wrought.

XIV

Tragically lost, the skills from which you're wrought;
With Jack Smith's death the final die was cast,
The famous 'Scot', consigned to cycling's past.
Soulless machines are welded now by robots,
Kids ride the Tour de France on PS2s,
Joysticks grapple 'Downhill Domination',
And few will feel the thrill, that deep sensation,
Of racing flat-out pell-mell through the 'Screws'.
Murray Street's demolished; gone for good,
The thriving shop on Parliamentary Road.
In Kelvingrove three bikes stand, never rode,
Gathering dust and rust in quietude;
But ask me my most precious thing I've got:
My 1957 Flying Scot.

XV

Quietly rusting in some garden shed,
Elegant curlicues of Nervex lugs,
Hidden beneath a tartan picnic rug,
'Epitome of bike!' was what he said,
I bought you for a bargain fifty quid,
Claude Butler, Dawes, Holdsworth, Raleigh, Sun,
'None of them could touch you, not a one!'
Original receipt, five pounds deposit,
Its legend; David Rattray & Co.
Built from the finest Reynolds 531,
That 'whippiness' they talked of, on a run,
Your Saltire badge still holds its lustrous glow,
Tragically lost, the skills from which you're wrought;
My 1957 Flying Scot.

PART THREE

In Memoriam: Ted Hughes

I'm not here. I'm far out on the moor.
Hands dirtied as Heathcliff's,
and like him I too am similarly outcast,
removed from the myth of my birthplace.

Caught between the voids of two strange worlds,
but, given the choice, this is where I'd rather be,
where the stunted rowan clings to tors and rocks,
the tiercel stoops, the badger snuffles, and hawks

concentratedly keep watch beneath leaden skies,
that promise nothing but rain;
and the ruined farmhouse keeping one eye open,
for the nesting boy who always returns.

Differences

Tahir took great exception,
To being thought an Indian.
He was Pakistani,
And very proud of it.

But to us they look the same;
Pakistani – Indian,
Muslim – Hindu,
Bhuddists – Sikhs.

I wonder,
Do we look the same to them?
Scots – Irish,
English – Welsh,
Protestant – Catholic,
Jehovah's Witness – Mormon.

No difference really.

At the Funeral o Jimmy Reid

Brocht up in times o strife, anither age,
Govan born, Gorbals raised, the lad o pairts,
Revolutionary, patriot, visionary;
A man whaes principles transcendit aathing.
An weel ye kent the darg o John Brown's yaird,
Whaur the last o the great Cunarders aa wir built,
Their huge prows juttin cheek-fir-jow the close,
An the riveter's haimmer resoundin doun the Clyde,
Cairryin that message proudly roun the warld,
Glidin doun the Broomielaw, 'Clyde Built'.
Aye, 'Clyde Built', lik yersel Jimmy Reid!
Wha still stuid firm whan aa the dies wir cast,
An focht tae sauf the beatin heirt o Scotland;
The fawmous 'work-in', seeventy-wan,
Whan mercat-forces threitent UCS;
'No Hooliganism! No Vandalism! No Bevvying!'
Unnerscored the dignity o labour;
'We're mairchin intae Glesca toun,
Wi Jimmy Reid an Airlie!' –
An sent Heath's Tories hame tae think agane!
'The Rat Race is for Rats, not Human Beings',
The rhetoric o Cicero, or Lincoln –
'No Human Being is ever expendable!'
Wirds that wull echo doun the halls o time.
The Finnieston Crane shuid dip its jib the day,
Bow its heid lik the fowk wha thrang these streets,
Lulled tae a hush, as Jimmy Reid cams hame.

Old Song

In a sea of green, one tiny smear of red
announces spring. One sacrificial lamb
lies stark and still upon the hill. How calm
the scene appears, the distance makes the dead
almost imperceptible to the eye.
Ringed, ill-omened black pall-bearers stand,
this ancient dance, the rhythm of the land,
they jerkily act out, instinctively.
Rapacious beaks peck viciously the tongue,
staccato stabs Stravinsky might have scored,
past care, the carcase flails its broken cord.
Yet, strange that I should mourn this song unsung;
Whilst from the flock not one protesting cry,
Unmoved they crop and graze the grass nearby.

Wee Sheila

fir the fowk at Greyhound Action Scotland

This ditch, bi the road, oan Corsencon's sooth face,
Wee Sheila's wretchit, dowf, last restin place.
Bleached banes protrudin frae a canvas sack,
Nae Shaman needit here tae read the signs;
The shattert skull whaur raint the sauvage blows.
A daicent third wis her 'best place', at Shawfield –
Agin the finest thon wis nae disgrace;
Oot the traps nae Greyhound e'er wis gemmer.

Thon fractured hock, she'd ne'er be the same;
Curse thaim wha pumpt her fou o lignocaine!
Til limpin, lame, she couldnae rin nae mair.
She hobbled tae the van thon cranreuch nicht,
They brocht her oot tae this dreich, lane hillside;
An lickt the haund o him wha held the haimmer.

Shairpnin Machine Picks

Huncht ower the binch, thick wae metallic stour,
The grinder's wheels sing oot, twal hunner revs,
The hungry pick-boax gants, gleg as a gled;
A galley-slave, chaint fir the neist fowr hours.
Scarf, goggles, helmet, jaiket, buits an gloves,
Glentin wi a sheen o silver ore,
An still ah hear the pitheid gaffer's splore;
'Thon machineman says "*no shairp eneuch*!"'
Sae tichten up the angle ten degrees,
Tho fine ah ken they winnae haud their edge,
But ettle gin ah say ocht they'll allege,
'It's that daft boy agane! The yin wha reads!' –
Wha sees refleckit in the howff's crackt mirror,
The noble dusty face o Christ or Caesar?

Sangs Oan the Daith o Bairns

Mahler's Kindertotenlieder: A Scots Libretto

*Originally adapted bi Gustav Mahler frae the poetry
o Friedrich Rückert; owerset intae a libretto in Scots
bi Rab Wilson*

'Nun will die Sonn' so hell aufgeh'n'

Nou maun the Sun sae brichtly rise,
As if, yestreen, nae mischaunce e'er heppent.

Thon mischaunce, it fell tae me alane.
The Sun, the Sun, it shines oan evriwan.

Ye maunna hap the nicht athin yersel;
Slocken it tir aye in thon aye-bidan licht, aye-bidan licht.

A wee laump haes gane oot inby ma hame,
Hail! Hail tae the hairtsome licht o the warld!
The hairtsome licht o the warld!

'Nun seh ich wohl'

Clairly ah see nou, why sic daurk flames
Ye glowert an gliskit at me aye-an-oan,
Oh een! Oh een! As gif in the ae luik,
Ye ettled aa yer fushion gang hail-heidit.
Ah ne'er jaloused, happed i' the smochs
Spun round me,
Aa wuven ticht bi blindin destiny,
That this bricht leam wis ettlin tae stravaig,
Furth tae its hame, the source o aa sic leams,
Aa sic leams.

You bade me lippen oan in thon bricht luik:
'We wid ettle tae bide fir aye!' –
But ill-gien Fate haes nae-sayed thon tae us.

Luik oan us weel; syne we'll be hyne-awa.
Whit seem tae ye the day as anely een,
In nichts unkent tae cam, wull be oor starnies.

'Wenn dein Mütterlein'

Whan yer Mither dear,
Steps inby the door,
Sleely ah keek round,
Tae luik ower taewart her,
At her face, but syne,
Ah gets drawn awa,
Tae thon ither place,
Near the threshold o the door there,
Whaur, nae lang syne, ah've mind,
Yer dear wee face aince smiled,
Gin ye blithe, an hail at heirt,
Gaed walkin in, walkin in wi her,
As aince afore, ma bonnie wee lass.

Whan yer Mither dear,
Cams inby the door,
Wi the leamin caunle,
It aye seems tae me gin,
Ye'd cam in wi her,
Slypin in ahint,
Saftly, saftly, ben the room.
O ye, o ye o yer faither's flesh,
Ower suin, ower suin,
Yer braw wee licht blawn oot.
The braw wee licht blawn oot.

'Oft denk' ich, sie sind nur ausgegangen!'

Ah think aft, they've anely gane a daunder,
That syne they wull aa win hame aince agane,
It's siccan a braw day! Dinnae be fasht,
They've anely juist gaen oot fir a daunder.

Ach aye, they've gane oot fir a whilie,
An syne nou, shair, they'll aa be raxin hamewarts.
Nou ne'er be fasht, it's siccan a braw day!
They've anely gane daunderin oot tae the hills.

They've anely juist gane oot afore us,
An's no be lang til they're winnin hame agane nou.
We'll syne catch up wi thaim, oan the hills,
In sunlicht! It's sic a braw day oot oan the hills!

'In diesem Wetter!'

In this ill-waither, this gowstie blast,
Ah'd ne'er hae alloued, the weans tae gang oot,
They hae aa bin taen oot,
They hae aa bin taen;
Ah hud nae say in the maitter.

In this ill-waither, this hurleygush,
Ah ne'er wid hae lat the weans stravaig.
Ah feared else ill'd becam thaim;
But thaim's nou idle thochts.

In this ill-waither, this ugsome grue,
Ah ne'er wid hae lat the weans gang outside,
Gin they'd bin fund deid in the mornin;
Thair's ither towe tae tease nou!

In this ill-waither, this ugsome grue,
Ah'd ne'er hae alloued the weans gang ootside;
Ilk wan o thaim's bin taen oot:
Fir ah'd nae say anent it!

In this ill-waither, this gowstie blast, this hurleygush,
They lig as sauf as in their mither, their mither's house.
Nae storm can nou e'er fear thaim,
Fir God's ain haund wull hain thaim,
They lig, an are sauf nou, as in their mither's house,
As in their mither's house.

Robin Hood, Robin Hood...

In 1304 the Prior o Alnwick Abbey,
Writ a rhymin bar anent an outlaw,
Wha herriet, reived an plundert, robbed guid fowks –
An set the kintraside around camsteiry.
Tho dael-a-haet he mentions o 'Greenwuid',
But ane 'Scotico illo Robin Whood'!
A nem thocht up bi aiblins fleggit weemin,
Wha stairt whan houlets screich oot in the mirkt,
Tae gar their weans haud roond the hearth at nicht,
An hain thaim frae thon fleysome bogle-man.
Their Sancts an prayers wid gie them nae sauf bield,
Nor doors o aik nor weel-built wa's o stane;
Weel micht thon Prior tak tent o siccan faes,
Wham he addresses, 'Willielmo Wallace'.

In Joseph Ritson's Robin Hood *there is curious insertion taken from the first volume of Peck's intended supplement to the* Monasticon, *which refers to* 'WILLIELMO WALLACE, Scotico illo Robin Whood...' *with the date 22 July 1304. This is the first known record of Robin Hood's name being mentioned by any writer in Britain. The poem has Robin Hood linked with William Wallace and Scotland! (Wallace's personal seal, on his famous letter to the town of Lübeck, in Germany, was found to have a bow and arrow on one side...)*

Gau'n's Desk

Gau'ns Desk, a leeterary treasuir store,
Awaash wi fond howps o the best laid schemes,
Unpublished gems, a mine o gowd that gleams,
'N howpfully, micht add tae Scotia's lore.
Mibbes ye'll fuin, mangst aa his manuscripts,
Anither MacDiarmid, else anither Burns,
Copious authors bidin oan their turn,
Desirous o approval frae his lips.
O Caledonia smile! Ye're in safe hauns;
Unwaverin he'll gaird yer precious hoard,
Gif ye've the mense tae gie tae him yer sword,
Aye, wha micht wield it keenly as oor Gau'n?
Luath, scamper hame in the twilicht's gleam –
Lea me Gau'n's Desk, laiden't doun wi dreams.

Fiddler's Bid

Fate placed me oan the wrang side o the hall,
the day o the civic reception,
gien at Easterbrook.
Choreographed bunches, we stuid,
ladies in luxurious dresses,
men in smairt pin-striped lounge suits,
marshalled bi Lieutenants o the County.
Then in the royal entourage descendit;
braid an medals, brooches jewels an pearls,
the Queen, deckt oot in brilliant halcyon blue –
the Duke faa'n in ahint; stoic, faithful.
They duin the rouns o aa the nummert groups,
we, the 'Creative Industrialists', waitit;
we'd drewn the Duke.
It cam ma turn, ah introduced masel,
'Robert Burns Writing Fellow... Poet...'
he luikt me up an doun, an gien
a cauld, cursory surgical inspection –
'Does anyone understand a word he's saying?'
turnt oan his heel an walkt awa.
They left an evriwan applaudit.
The assembled crood began tae disperse,
tho scattert clusters mingled fir a while,
 'Ah'm no the maist ardent royalist,' ah statit,
'Oh, *I am*!' gushed the Dame o the British Empire,

'So am *ah!*' said the Provost, puffin oot his chest,
twa pund ae gowd hingin frae his thrapple.
Ah thocht oan the Duke, as ah slunk back tae ma caur;
Ah unnerstuid fu weel aa *he'd* bin sayin.

'Stridin Forrit!'

Wha cuid withstaun this haimmer blow!?
Nine hunner joabs at Diageo,
This day we're gaithert tae say *'No!'*
      This isnae fair!
Wha wis it helped yer business grow,
      Twa hunner year?

Johnnie Walker, 'The striding man',
Wha's name is kent in evri land,
Bi aa the fowk that tak a dram
      O Usquebeath,
Ye've heized the name o auld Scotland,
      An Killie tae!

While at the Somme, or Alamein,
At Tumbledown, Afghanistan,
When aince the fecht its race hus ran,
      Wi scenes unspeakable,
There's sodger boys wid rax a haun
      Fir the guid 'Red Label'.

Ye're kent in Kent, an Timbuktu,
There's elbucks jink in Kalamazoo,
E'en Lord George Foulkes aft times gets fou,
      An wha can blame him!?
(They're reuch, thae Malt Society Do's!)
      But, heh! nae shame tae'm!

But whit's gaun oan at Diageo?
Fir whisky business isnae slow,
Their global profits grow an grow,
      Tae rival Croesus,
While aa we waant's some *quid pro quo*,
      Some naitrel justice!

Paul Walsh, anither 'Fred the Shred'
Wha's no exactly 'in the red',
Eicht million stashed ablow his bed,
      Plus shares he goat,
A wheen o us wid like tae redd
      His pension pot!

He neednae preach tae us the day,
O 'corporate responsibility',
As he bummed o his 'integrity'
      Whaur is it nou?
Here's yer reward fir loyalty:
      Life oan the Buroo!

His talk's o 'sustainability',
Else, 'equitable societies',
'Commitment tae communities',
      A wheen o havers!
In truth it's rank hypocrisy –
      An twa-faced blethers!

He waants, he says, *'a business with soul'*,
Weel, Mr Walsh, come kiss ma hole,
You waant these workers oan the dole,
      Wha've served ye weel,
Auld Killie's no the place tae thole,
      Yer dirty deals!

But we'll no tak this lyin doun,
Let ithers dance tae Walsh's tune,
Wha dealt us oot this mortal wound,
      This abomination!
Fir this wid aa but kill the toun
      Fir generations.

Here's Labour, an the SNP,
Wha staunin here the day agree,
Tae sing frae this same sheet yer plea,
      Fir aa yer workers,
Let sense and justice bear the gree –
      Save Johnnie Walker's!

*This poem was written as a protest against the closure of the
Johnnie Walker whisky bottling plant at Kilmarnock, and was read
out at a huge public rally at Kay Park. It fell on deaf ears. Diageo's
management took the decision to close the plant down, condemn-
ing hundreds of workers to the unemployment scrapheap.*

Oan Windyhill

It made Jack's day, the serendipity,
O fuinin in its bield ahint the shed,
The banty hen hud hatcht oot thirteen eggs.
He shoutit oan the weans tae come and see,
An, curious like, each brood eyed up the tither;
While Jack luikt oot a crae he'd made lang syne,
Tho built fir guinea pigs it wid dae fine,
An suin the chicks wir cooped up wi their mither.
Susan cam tae speir, 'What's all the fuss?'
But, by this age-auld scene, juist stuid there chairmed,
Then couriet roond, her bairns athin her airms,
An fir brief moments aa the warld seemt husht.
This life hus reivin tods wha'd dae us ill –
May peace reign aye fir thaim oan Windyhill.

Man With Toilet Seat Beneath His Arm

Below the clock at Glasgow Central Station,
measuring out in journeys all our time,
at once a sight ridiculous yet sublime
caught my eye – genetic aberration.
In a sea of suits surreally he stands out,
the living proof that less in art is more;
for Dadaism he evens up the score.
That thing he carries surely has more clout
than laptop, rucksack, phone, attaché case,
FT, Herald, Sun or *Daily Mail*,
dreadlocks, no-locks, spikey office style;
unconsciously, he's all the human race.
Commuters glide across the marbled floor,
now gone, he's played his part. Who could do more?

Brekdoun

fir JL

'Gang tae the binch, an fetch the ten mil key,
it's lyin thonner, sittin neist the vice,
naw, thon's the six mil, it's faur ower wee.

Haud the licht the nou, ah cannae see,
that's better, aye, her man wis no sae wyce,
she'd taen up wi thon fellae frae Dundee,

the yin she'd foun oan Facebook, wait a wee...
juist shine her ower there, an in a trice...
we'll lowse her aff, nou canny, richt! that's me!

Haund me ower that rag, she said she'd gie
her hoose up, an the weans, she ne'er wis nice,
leistweys, ye'll mind the club, thon big melee?

Twae sugars? Aye. But mind, nae milk fir me.
It aa cam tae a heid yestreen, that's twice
she's burnt her boats, aathing haes went agee!

C'mon, or else we'll ne'er get lowsed; nou see,
ettle tae pley aroond ye'll pey the price!
Gang tae the binch, an fetch the ten mil key,
naw, thon's the six mil, it's faur ower wee.'

Fashion Victims
fir JG

'This new range is whit they're aa gaun daft fir!
Semi-permanent hair-dyes nou are great!
The lassies in Dumfries wir aa in raptures!'

'Ah'm luikin fir a subtle blue azure,
Sandy, which o these yins wid ye rate?'
'This new range is whit they're aa gaun daft fir!

'Embassy Regal Blue'! Juist hae a gander,
else, 'Cerulean', ah'm telling ye straicht,
the lassies in Dumfries wir aa in raptures!'

'He's fou o pish, ah've heard aa it afore –
he'll tak thae young yins in, juist hear him prate;
"This new range is whit they're aa gaun daft fir"!'

'Petroleum Blaze'! Nou there's a tincture!
Imagine thon? Juist think, oan yer first date?
the lassies in Dumfries wir aa in raptures!'

'There's bin nae bad reports tho? Nae disasters?
Sandy, this stuff's kosher, eh? Ma mate...'
'This new range is whit they're aa gaun daft fir!
The lassies in Dumfries wir aa in raptures!'

Attack Frog

No much tae luik at, ah ken,
But dinnae rax yer haund tae straik his pow,
He's a killer! Mak nae mistake!
Thae pop-eyed goggle een can tak ye in,
The wey he sits there, contemplatin naethin –
Ah'm tellin ye, it's aa a front, a screen,
Tae hide awa his sauvage inner natuir.
An green is sic a neutral colour;
Ye're lauchin frien – ye'll lairn!
Ah mind ah taen him, muzzled o coorse,
Tae the graund openin ceremony,
When the Duke an Camilla cut the ribbon
Fir the 'Tattie Howker's Heritage Centre'.
She bent tae kiss him
(she micht hae duin waur!
gin anely Diana hud met him!)
Ah stopt her, juist in time;
Insteid she kittled him unner his chin – he likes thon,
His wee prehensile tail, waggin lik Billy-o!
But here, frien, ye're no peyin me ony heed ava,
Some fowks'll juist *no* tak a tellin!
Fir chrissakes haud awa frae him!
Ah've telt ye three times aareadies!
There ye go agane – ah warnt ye!
'Get him! Prince!'

This Display Case Is Empty

Caught between *Naturally Cashmere*
And *Accessorize*,
I slowly begin to realise...
Caught between *Check-in*
And *Take-off*,
An amorphous truth begins to dawn...
Caught between *You* and *I*
And whatevercomesnext;
Caught between *Earth* and *Sky* –
Like an insect.

Fairport Convention at the Theatre Royal, Dumfries

fir Andy Forster

Oan a snell nicht in Dumfries, in a cauld theatre,
these journeymen tak the stage.
Hoary as aiks, gnarlt as hawthorns,
grey-heidit, bald, they wear
their years wi easy grace.

Songs equally timeless;
stories, ballads, jigs an reels,
that aa at aince soar
wi the majesty o aigils,
else coorie doun
gentle as an eiderdown nest.

The ghaist o Sandy Denny walks amang us,
an we are aa transportit,
tae thon loosome place that music taks us –
sae richt that they shuid sing that sang agane.

Simon tells us o the bell they cast,
that tolls in some heich tower o Banbury,
bearin their nem an faur kent fame
doun throu singin time tae come.
A rousin finale o 'Matty Groves',
these sons o Albion tak their leave.

Andy, Margaret, Hugh and I,
daunder hame alang the Saunds,
tae the skinklin starns accompaniment;
bi the frosty Nith, still as a photograph.
Somewhaur, faur aff,
we hear a vyce ring clear.

Blue Smoke

for JC

Blue smoke drifts in this room
like a thousand conversations.
In the glass a fine malt swills,
it ebbs and flows; an ocean.
Tonight, through the stillness,
we can watch the Perseids spark
across Orion's Belt –
and on into infinity.
All the way from right here.

The Bladnoch Dram

This gless, that's fou o heirt's desire,
O Gallovidian liquid fire,
Hus caused ma Muse tae strike her lyre,
    An praise yer name,
Tae heize the name o Wigtounshire,
    An Bladnoch's fame!

Juist eicht year auld, this vera day,
Yet, auncient forces here haud sway,
Wha cuid explain the mysteries
    O your creatioun,
That, haund in haund, wi history,
    Define oor Nation.

Whit's in the gless? ah hear ye ask,
Ah howp ah'm equal tae the task,
O tryin tae uncork the cask,
    O this conundrum,
That ithers ettled tae unmask –
    It did confound thaim!

The souch o wuin, oan Maberry Loch,
The whirrin wings o fleyed blackcock,
The plash o watter, ower the rocks,
    In dowie linns,
A Beltie, glaur up tae the houghs,
    Amangst the whins.

The aik, the birk, the rowan tree,
The simmer-laden't honey bee,
The stoupin tiercel, whan it sees,
      Its hapless prey,
Bog-cotton, bendin in the breeze,
       Oan autumn days.

Gowden fields o barley wavin,
Cawin crousely, Cairnsmore's raven,
Staunin stanes, wi eemage graven,
      Years lang syne,
Haly men, wha socht sauf haven,
       Auncient shrines.

Auld stane brigs, criss-crossin Bladnoch,
Tannylaggie, Spittal, Glossoch,
Linn o Barhoise, Polbay, Pack-Horse,
      Whaur cattle drovers,
Caw'd their shaggy owsen aff,
       An saufly ower.

A lane kingfisher spies its catch,
Thon brilliant blue electric flash,
Disturbs the simmer wi a splash,
      The minnon's taen,
Then tae its nest in heidlang dash,
       Is swiftly gaen.

Thon couple, in the gloamin's mist,
The tender lovers' whispert tryst,
The munelit pool, still, motionless,
      Whaur twa streams met,
The promise gien, sealed wi a kiss,
      That's frae the heirt.

As starns abune the muirlaund kindle,
The peet-reek frae some fairmer's ingle,
Some auld Scotch-air, played oan the fiddle,
      Ye cannae name,
Some ill-faured poet's crambo-jingle,
      That speiks o hame.

The slow, meanderin turns aa made,
Ye're siphoned aff alang the lade,
Tae whaur this magic spirit's made,
      That cures aa ills,
The grist, tae mash, syne wort, then gaes
      In copper stills.

Till, maister-blender satisfied,
Percentage pruif is certified,
Timmed intae barrels, syne tae lie
      Fir dreamin years,
Bladnoch deid's nou cam alive,
      An's risen here!

This gless o Bladnoch in ma haund,
Hauds aa these aspects o oor laund,
A magic-mix, o plain or graund,
      Jurmummled here,
This dear auld frien, the fawmous brand,
      We loe sae dear!

This poem was commissioned for the launch of the first new whisky to be produced by the Bladnoch Distillery (Scotland's most southerly whisky distillery) under the directorship of its owner Raymond Armstrong – a visionary character! I imagined what all the strange forces were that held sway within a glass of whisky, and to give an even stronger Scottish sensibility, I composed the poem in Standard Habbie metre. It perhaps gives the poem a souch o archaic sentimentality – I'm happy to say.

Dalai Lama Dilemma

Well here we are
at the 15th Dalai Lama Lottery.
Let's spin those letters!
there's the first ball,
and it's a 'G'!
could be Gedun Truppa?
we've not see that one
since 1475,
or else Gyatso?
(every winner *since* 1475
will be familiar with Gyatso!)
But where will the new guy
emerge from?
Historically it's always been Tibet,
but remember, it could be anywhere!
Tenzin Gyatso has been quoted;
saying that the next Dalai Lama
could be from a country
not under the direct control of
The People's Republic of China!
Bit of controversy there!
Now, here comes that old favourite,
it's the letter 'Y'!
Thirteen times now,
in the past five hundred years!

The high priests have all consulted
the Holy Lake,
Llamo La-tso,
whose shifting surface imparts its visions
to those with the enlightenment to see...
'If a man has conquered greed
nothing can limit his freedom' –
yes, one for us all to think about there!
Tonight though, the wait is over,
here comes the final ball,
it could be you!
Look! –
He's from Tibet again.

Anok Sabe's Complaint

Thae Pharoahs, they're aa the bluidy same!
This latest mad ploy;
cuiverin the hale o the Giza plateau
wi these new bluidy Pyramids.
It's crazy! whit dae they need aa thae Pyramids fir?
That eejit, Dja Dja Betuke,
the Rainmakers coalition cooncilor,
says, 'Think o aa the joabs, Anok!'
Aaricht fir him, he'll get his usual kickback frae
Amenhotep's Copper Chisel Company.
An e'en the Stanechippers Union states;
'*15% o Pyramids*
must come frae renewables
bi 2020BC.'
Their man, Nubi, says,
'It's aa aboot sustainables, Anok.'
Wanker!

Oor wee housin scheme, oan the edge o Cairo here,
the hale place wull be spiled bi these things –
they'll be there fir... a hunner year!
Ma neibors, Odji an his wife Mehnit,
they've bin taen in wi aa their talk;
'It's the new grain-rush' they say!
Mind, Djadao, his gaffer at the limestane quarry,
hus promised him an Owerseer's joab –
an a company camel!

The place wull ne'er be the same
gin they pit these things up!
A blot oan the laundscape.
E'en yin o the royal princes complained,
'Carbuncles!' he said,
(He wis ne'er heard o agane!)

But that's Cheops
an aa his 4th Dynasty spongers fir ye,
a corrupt, rotten loat,
lecvin aff the backs ae the warkers!
They've ne'r duin a haunds-turn aa their days,
an we're supposed tae keep thaim?

There's thon creashy Remmao,
an his pairtner Shushu,
ye can bet yer buits they'll mak a killin,
thae lawyer types ayeweys dae!

The hale skyline wull be dominated bi these things,
an the place'll end up lik some abandoned quarry –
juist you wait an see.

Oor Tameri says,
'But the Gods wull aa be pleased Anok!'
Weel, let the Gods come
an bluidy build thaim says I –
an pey fir thaim tae!
Amhahte, (Cheop's chief priest)
spouts the party line;

'A revolutionary source
o spiritual energy
fir the future',
Aye! that *wull* be richt!
He kens whit side his breid's buttert oan!
'Thae auld tombs wir juist inefficient', he says;
Naethin 'inefficient' aboot thaim –
me an Big Shenti robbed thaim fir bluidy years!

Ah'm tellin ye, gin this gangs aheid,
we'll be the lauchin stock o the hale kintra
the greatest *blunder* o the auncient warld!

Ancient Egyptian names and their meanings:
Anok Sabe (I am wise); Dja Dja Betuke (Melon Head);
Amenhotep (Amen is pleased); Nubi (Gold worker); Odji
(Wicked); Mehnit (Serpent Goddess); Djadao (Big fat man);
Cheops (Pharoah); Remmao (Rich man); Shushu (Braggart); Tameri
(My beloved land – 'Egypt'); Shenti (Hairy); Odji (Wicked);
Amhahte (To have power over)

An Christmas Cam tae Sauchiehall Street

Sauchiehall Street, mobbed wi Christmas shoppers,
reluctant dads hing aboot shop doorways;
Primark, Millets, TK Maxx, Pound Crazy,
gairdin wares bocht by their 'Shop-till-ye-droppers!'
Sad tae say, ah wis ane o these faceless men,
condemned, the day o the thowe, tae 'miss the gemme',
sae, insteid, ah 'people-watched' at H&M;
Giein the 'Manto' marks oot o ten!
The air wis thick wi music o aa sorts;
Kiltit drummers an pipers, giein it laldy!
an auld 'gut-scraper' strugglin wi Vivaldi:
Dressed as shepherds, a lively brass consort.
Buoyed up beggars held oot hopeful haunds,
accompanied bi the Sally-Airmy baund.

The music rose an fell, a plaintive air
wid be replaced bi 'O, Come all ye faithful!'
Syne drums tattooed wild reels upon yer skull,
as evri genre vied tae win its share.
In the midst o this cacophony,
a stoic auld Red Indian keyboard player,
whaes music held a souch o mountain air,
sat doun upon a binch, wearily.
He wore the biggest eagle-feather headdress,
that ah hae e'er seen in aa ma days.
A jakey, in a Santa hat, juist gazed,
souped up oan Super Lager, he'd regressed,
tae some wee boy, hauf loast in disbelief,
then oaffirs him his can, 'Y'aaright, Chief?'

A Map for the Blind

Bridget sits absorbed at her PC,
tweaking, altering, tinkering with her project,
creating this new programme which connects
blind people to a land they cannot see.
She does this with sounds; trains, the sea, or birdsong,
words of warning; Stop! Beware! Take Care!
So that, if you are visually impaired,
in your mind's eye a world begins to form.
Though if unsure, you only have to ask;
click the mouse, 'You're heading west – turn right...'
its reassuring virtual voice recites
bearings that will keep us on the path.
The 'Map for the Blind' will bring you safely home;
similar, you could say, to a poem.

Some other books published by **LUATH** PRESS

Accent o the Mind: Poems, Chiefly in the Scots Language

Rab Wilson

ISBN 1 905222 32 2 PBK £8.99

The 'Mither o aa Pairlaments'?
A sham!
They've ne'er jaloused in mair's fowr hunner years,
Whit maitters maist is whit's atween yer ears!

The joy, the pain, the fear, the anger and the shame – topical and contemporary, and mostly in vibrant Scots, Rab Wilson covers the variety of modern Scottish life through refreshingly honest and often humorous poetry. Encompassing history, text messaging, politics, asylum-seeking hedgehogs and Buckfast, this inspirational collection consolidates Rab Wilson's position as one of Scotland's leading poets, and plays a part in the reinvigoration of the Scots language in modern Scottish society.

Bursting with ambition, technically brilliant and funny.
SCOTLAND ON SUNDAY

Life Sentence: More Poems Chiefly in the Scots Language

Rab Wilson

ISBN 1 906307 89 9 PBK £8.99

We haud the universe athin oor grup,
Syne life cams pourin frae the biro's tip,
An thon primordial urge we hae tae tell,
Come spillin oot, frae whaur? Nae man can tell –
Fir Life is whit we aa are sentenced tae.

Rab Wilson can find poetry everywhere in life; in a shopping trolley in the river, a trip to the bookie's, or a catastrophic earthquake. In this lichtsome new collection, he digs into literature, history, terrorism and social commentary.

Written in Scots and English, the language of the poems is versatile and expressive, adding texture, comedy or earthiness to everyday events. When taking a sly poke at other people's pretensions or reflecting on world peace, Rab's *Life Sentence* never weighs too heavily on his shoulders.

The Ruba'iyat of Omar Khayyam, in Scots

Rab Wilson
ISBN 1 842820 46 9 PBK £8.99

Almost a thousand years ago in Persia, there lived a great and wise man who was a brilliant mathematician, an astronomer to the Royal Court, and a poet of unparalleled vision and wisdom. His name was Omar Khayyam. In the western world he is known as the author of *The Ruba'iyat*.

Transformed into Lowland Scots, Rab Wilson's version of *The Ruba'iyat of Omar Khayyam* leaves behind the souks, bazaars and taverns of medieval Persia and transports us to the bustling urban scenes of modern, inner-city Scotland. Join the flotsam and jetsam of a teeming underclass as they tell us of their regrets, their joys and their hopes, and realise – even after centuries passed – that essentially nothing has really changed for any of us over the ages.

Chuckies fir the Cairn: Poems in Scots and Gaelic

Edited by Rab Wilson
ISBN 1 906817 05 3 PBK £8.99

The poets Rab Wilson has gathered in this anthology represent an important and often neglected strand in contemporary Scottish poetry. Native Scots-speaking poets whose chosen language is distinct from English and expressive beyond the capacities of that sister-language, they are committed to their country, place and the people who inhabit the world beside them. However, earthed and native as they are, there is nothing narrowing or oversimplified here.

ALAN RIACH

Scotland has built great literature out of its richly textured language. Like the stones bound together in a wall, the poets linked here by location and shared language embody the beauty of their country and the passion 'pulsin through its heirt'. These Dumfries and Galloway poets, free in their own inimitable styles and approaches, are bound together by the unique culture of Scotland.

Details of these and other books published by Luath Press can be found at: **www.luath.co.uk**

Luath Press Limited

committed to publishing well written books worth reading

LUATH PRESS takes its name from Robert Burns, whose little collie Luath (*Gael.*, swift or nimble) tripped up Jean Armour at a wedding and gave him the chance to speak to the woman who was to be his wife and the abiding love of his life. Burns called one of 'The Twa Dogs' Luath after Cuchullin's hunting dog in Ossian's *Fingal*. Luath Press was established in 1981 in the heart of Burns country, and is now based a few steps up the road from Burns' first lodgings on Edinburgh's Royal Mile.
Luath offers you distinctive writing with a hint of unexpected pleasures.

Most bookshops in the UK, the US, Canada, Australia, New Zealand and parts of Europe either carry our books in stock or can order them for you. To order direct from us, please send a £sterling cheque, postal order, international money order or your credit card details (number, address of cardholder and expiry date) to us at the address below. Please add post and packing as follows: UK – £1.00 per delivery address; overseas surface mail – £2.50 per delivery address; overseas airmail – £3.50 for the first book to each delivery address, plus £1.00 for each additional book by airmail to the same address. If your order is a gift, we will happily enclose your card or message at no extra charge.

ILLUSTRATION: IAN KELLAS

Luath Press Limited
543/2 Castlehill
The Royal Mile
Edinburgh EH1 2ND
Scotland
Telephone: 0131 225 4326 (24 hours)
Fax: 0131 225 4324
email: sales@luath.co.uk
Website: www.luath.co.uk